すぐに役立つ

◆図解とQ&Aで納得◆

損害賠償・慰謝料をめぐる法律とトラブル解決法165

弁護士 **奈良 恒則** 監修

三修社

本書に関するお問い合わせについて
本書の内容に関するお問い合わせは、お手数ですが、小社
あてに郵便・ファックス・メールでお願いします。
なお、執筆者多忙により、回答に1週間から10日程度を
要する場合があります。あらかじめご了承ください。

はじめに

　私たちは、日常生活の中で数々のトラブルに遭遇する危険にさらされています。

　一口に「トラブル」といっても、その種類、内容は多岐に渡ります。契約に基づくものもあれば、突発的な事故に遭うこともあります。

　被害者にしてみれば、自分に落度があるわけでもないのに損害を被るわけですから、その損害を償ってほしいと考えるのは当然でしょう。

　ここで被害者救済の一手段となるのが「損害賠償請求」です。日常生活で生じた事故などのトラブルに備えて、法律は様々な解決手段を用意していますが、他人にケガをさせてしまった場合など、他人に損害を与えたときに、金銭の支払いによって償う方法が損害賠償です。損害賠償で補てんされるものは、財産的な損害だけには限りません。悲しみや恐怖、痛みや恥辱などによって生じる精神的な苦痛や損害についても金銭に評価して補てんする慰謝料というものがあります。

　もっとも、損害が発生したからといって常に損害賠償請求ができるとは限らず、相手方に賠償責任が発生するための一定の要件が必要になります。また、損害賠償は、発生した損害を公平に分担するための制度ですから、過失相殺のように、賠償金額を調整するしくみもとられています。トラブル解決のために損害賠償を活用するにしても、損害賠償がどのような制度でどんな場合に認められるのか、ということについて正しく理解しておくことが大切だといえるでしょう。

　本書は、損害賠償制度をわかりやすく解説するためにＱ＆Ａ形式で解説しました。交通事故、医療事故、夫婦・親子、職場、近隣など、日常起こり得る様々な場面から165例ピックアップしてみましたので、「どんな場合に損害賠償請求が認められるのか」ということについてイメージをもっていただけると思います。第８章では、トラブルを解決するための内容証明郵便や公正証書の作成法、示談、訴訟などの法的手段についても解説しています。

　本書をご活用いただき、皆様のお役に少しでも立てれば、監修者としてこれに勝る喜びはありません。

監修者　　弁護士　奈良　恒則

Contents

はじめに

第1章　損害賠償の基礎知識

1　損害賠償請求をする際のルールと問題点について教えて下さい。　16
2　敷金返還請求、未払い残業代請求、養育費支払請求などは損害賠償請求とは違うのでしょうか。　18
3　債務不履行と不法行為の違いについて教えて下さい。　19
4　債務不履行による損害賠償はどんな場合に認められるのでしょうか。　20
5　債務不履行による損害賠償の賠償内容について教えて下さい。　22
6　契約時に定める損害賠償額の予定や違約金とはどんなものなのでしょうか。　24
7　不法行為の損害賠償請求はどんな場合に認められるのでしょうか。　25
8　直接の加害者以外の者に対して不法行為による損害賠償請求をすることは可能なのでしょうか。　27
9　賠償請求が認められる損害とは、具体的にどんなものを指すのでしょうか。　29
10　財産的損害にはどんなものがあるのでしょうか。　30
11　精神的損害の損害賠償請求にはどんな問題があるのでしょうか。　32
12　その他どんな場合に損害賠償請求が認められるのでしょうか。　34
13　損害賠償金や慰謝料は課税対象になるのでしょうか。　35
14　損害賠償請求はいつまででも認められるのでしょうか。　36
15　被害を受けたことで利益を受けた場合にも全額の賠償請求は可能でしょうか。　38
16　被害者にも過失があるような場合にも損害賠償請求が認められるのでしょうか。　39

第2章　交通事故をめぐるトラブルと損害賠償

1　損害賠償責任を負うのは加害者だけでしょうか。　42
2　内縁の夫や妻が交通事故で死亡した場合はどうなるのでしょうか。内縁の妻とは別に戸籍上の正式な妻がいる場合はどうでしょうか。　44
3　好意同乗中に事故に遭い、同乗者にケガをさせてしまった場合にはどうなるのでしょうか。　45

4	親元を離れた大学生が加害者だった場合、親の責任を追及することはできるでしょうか。	46
5	従業員が事故を起こした場合、会社は責任を負うのでしょうか。従業員が個人の車を営業で使っていた場合はどうなるのでしょうか。	47
6	下請会社の従業員が事故を起こした場合、元請会社に責任はあるのでしょうか。	49
7	貸した車や名義を貸した車で事故が発生した場合、誰が責任を負うのでしょうか。	50
8	加害者が複数いる場合、誰にどれだけの損害賠償責任を追及できるのでしょうか。	52
9	傷害事故の積極損害とはどんな場合なのでしょうか。	53
10	事故によるケガが原因で休業したのですが、損害額はどのように算出するのでしょうか。	55
11	交通事故に遭い、しばらく家事ができなかったのですが、専業主婦や失業している無職者は休業損害をもらえませんか。	56
12	休業補償をする場合、相手方の税金分は控除してもらえますか。	57
13	交通事故で長期間入院・通院した場合、どの程度の慰謝料を受けることができるのでしょうか。	58
14	傷害事故についての慰謝料の出し方を教えて下さい。	59
15	交通事故でケガをした際、自賠責保険や任意保険から支払われる慰謝料の額はどの程度になるのでしょうか。	60
16	被害者の近親者にも慰謝料請求が認められることはありますか。	61
17	事故によるケガが原因で後遺症が残った場合、どの程度の損害賠償請求ができるのでしょうか。	62
18	むちうち症の場合の損害賠償請求について教えて下さい。	64
19	後遺症のため、今後は介護なしでは生活できません。介護料や慰謝料は請求できるのでしょうか。	65
20	事故の後、恐怖心で車に乗れなくなりました。その分の損害賠償を請求できますか。	66
21	男性と女性で後遺障害の程度が異なることはあるのでしょうか。	67
22	死亡事故では積極損害としてどんな費用を請求できるのでしょうか。	68
23	死亡逸失利益の算出にあたって被害者の年収はどのように証明するのでしょうか。	70

24	67歳までの収入をそのまま逸失利益として請求できるのでしょうか。	72
25	死亡事故の損害賠償金は、どのように相続するのでしょうか。過失相殺についても教えて下さい。	73
26	夫が交通事故で死亡しました。損害賠償額はどの程度になりますか。	74
27	死亡に対する慰謝料はどのようにして算定するのでしょうか。	75
28	物損事故とはどんな場合のことをいうのでしょうか。	77
29	物件損害にはどんなものがあるのでしょうか。代車使用料や車の買替費用も請求できるのでしょうか。	78
30	被害車両の損害はどのように判断するのでしょうか。物損事故でも慰謝料を請求できるのでしょうか。	80
31	示談後に後遺症が出る可能性もあるのですが、示談を進めてしまってよいのでしょうか。	82
32	示談成立後に加害者が死亡してしまった場合、誰に損害賠償請求するのでしょうか。	83
33	事故の被害者です。自賠責保険から治療費を支給してほしいのですが、請求は誰がするのでしょうか。	84
34	被害者も自賠責保険の請求ができると聞いたのですが、どんな手続きをすればよいのでしょうか。	85
35	交通事故に遭い、入院中で保険請求手続きができません。病院が私の代わりに直接保険会社に保険金を請求できますか。	87
36	自分の他にも加害者がいる場合、賠償額の負担はどのようになるのでしょうか。	88
37	夫が運転する車が起こした事故が原因で助手席の妻がケガをした場合、妻は夫に対し損害賠償請求できるでしょうか。	89
38	加害者が未成年者で、盗難した車を運転していた場合、誰に損害賠償請求をすればよいのでしょうか。	90
39	自賠責保険で足りない分を任意保険で補償すると言われたのですが、どんな補償を受けられるのでしょうか。	91
40	運転者が搭乗者傷害保険に加入していた場合、その保険金分は同乗者に対する損害賠償額から控除されるのでしょうか。	93
41	過失相殺とはどんな制度なのでしょうか。物損事故でも行われるのでしょうか。	94
42	減額の対象となる過失とはどんなものなのでしょうか。	95
43	被害者側の過失とはどんな場合に認められるのでしょうか。	96

44 自転車事故には自賠法の適用がないと聞きましたが本当でしょうか。 97
45 歩道を歩いていて自転車に追突され、ケガをしました。損害賠償を請求できますか。 99
46 自転車事故の加害者の親や加害者の勤務先に損害賠償請求することは可能でしょうか。 100

第3章　医療事故によるトラブルと損害賠償

1 医師が負う説明義務や守秘義務はどんなものでしょうか。説明義務・守秘義務違反を原因として損害賠償請求することは可能でしょうか。 102
2 患者としての私の行動に問題があったようなのですが、医師側への損害賠償請求にあたって支障が生じるのでしょうか。 104
3 医療機器に問題があり、患者に障害が残った場合、病院だけでなく製造したメーカーにも責任追及できるのでしょうか。 105
4 患者が病院のベッドから転倒して大ケガをしたのですが、病院に責任追及することは可能でしょうか。 106
5 治療行為そのものではなく、看護師や病院の看護体制に問題があって被害が生じた場合には、損害賠償請求できないのでしょうか。 107
6 看護師が麻酔の取扱いの際、酸素ボンベと笑気の接続についてミスをしたことが原因で患者が死亡したのですが、このような場合に損害賠償請求は認められるのでしょうか。 108
7 美容整形の手術ミスで、精神的にもダメージを受けました。慰謝料請求を考えていますが、金額はどのように決めるのでしょうか。 109
8 手術ミスで母が死亡しました。手術をした複数の医師のうち誰に責任があるのか不明ですが、損害賠償請求はできますか。 110
9 手術後4年経って手術ミスによる神経因性疼痛を発症しました。当時の手術ミスについて医師や病院に責任追及することは可能でしょうか。 111
10 運転手のミスによる交通事故と搬送された病院での医療ミスが重なって被害者が死亡した場合、遺族は、誰にどの程度の損害賠償を追及できるのでしょうか。 112
11 息子が事故に遭い、病院をたらい回しにされた結果、治療が遅れて死亡しました。転送の仕方に問題があったと思うのですが責任追及は可能でしょうか。 113
12 眼科医の手術ミスで片目の視力が著しく低下してしまったのですが、損害賠償額についてどんな算出基準があるのでしょうか。 114

13 A病院で毎年健康診断を受けていた父が、別の病院で胃ガンと診断され、死亡しました。A病院の医師に賠償請求できますか。 115

14 患者が注射によるショック症状を引き起こして死亡しました。ショック症状の原因は患者のアレルギー体質にあったようです。このような場合も病院側に責任追及が可能でしょうか。 116

15 低体重児である娘が病院の保育室で保育管理を受けていたのですが、院内感染が原因で死亡しました。病院側の責任は生じないのでしょうか。 117

16 美容整形手術について、執刀医のミスで大きな傷が残ったので賠償請求しようと思います。当初の診断の際、手術の危険性などを指摘された場合でも請求できるのでしょうか。 118

第4章　夫婦・親子・家庭内のトラブルと損害賠償

1 婚約を破棄された場合には賠償請求できるのでしょうか。 120

2 内縁関係を不当に破棄されたような場合にはどうしたらよいのでしょうか。 121

3 長年内縁関係にあった夫が別の女性と同棲するようになりました。別れた場合、財産分与や慰謝料の請求はできるでしょうか。 122

4 離婚が成立する前に家を出ると、慰謝料を請求できなくなるのでしょうか。 124

5 財産分与と慰謝料にはどんな違いがあるのでしょうか。離婚時に決めておかなければなりませんか。 125

6 離婚の慰謝料を請求したいのですが、その額は結婚期間によって変わってくるのでしょうか。 126

7 浮気を繰り返す夫に疲れ果て、娘2人を私が育てる条件で離婚したいと考えています。慰謝料はどの程度請求できるのでしょうか。 127

8 姑の執拗な嫌がらせに疲れました。離婚したいのですが姑にも慰謝料を請求することはできますか。 128

9 夫と「性格の不一致」を理由に離婚することになりました。慰謝料を請求することはできますか。 129

10 離婚原因を作った夫の浮気相手に慰謝料を支払わせたいと考えています。請求は可能でしょうか。 131

11 夫の不倫が原因で離婚することになりました。慰謝料はどの程度受け取ることができるのでしょうか。 132

12 夫の浮気が原因で離婚しました。一番の被害者は子どもです。子どもが夫の浮気相手に慰謝料を請求することはできますか。 133

13 別れたばかりの不倫相手が腹いせに職場や家族に浮気の事実を知らせてしまいました。損害賠償請求することはできますか。 134

14 財産分与・慰謝料の分割払いを求められています。一般的にはどのように支払いが行われているのでしょうか。 135

15 離婚時の財産分与で財産を受け取ると課税されるというのは本当でしょうか。また、慰謝料などを受け取った場合、贈与税がかかるのでしょうか。 136

16 事故死や犯罪による死亡の場合、損害賠償請求権は相続されるのでしょうか。 138

17 娘に対するいじめを学校の先生に相談しても対策を講じてくれず、娘は体調を崩して不登校になってしまいました。学校に対して法的責任を問うことはできますか。 139

18 不良グループに絡まれ暴行を受けました。リーダーは指示だけ出しており、全員が暴行を行っていたわけではないようです。直接的な加害者を特定できないときはどうするのでしょうか。 140

19 中学生の息子が、サッカー部での練習中、顧問の先生がその場にいない時に、顔面でシュートを受け鼻の骨を折りました。先生やボールを蹴った生徒の親に損害賠償を請求できるでしょうか。 141

Column　面会交流の約束を守らない場合の慰謝料請求 142

第5章　職場や会社組織をめぐるトラブルと損害賠償

1 会社の業績が悪化したという理由で一方的に採用内定を取り消されました。あきらめなければならないのでしょうか。 144

2 所定労働時間以上に働いたのに、「試用期間中だから」と残業代を払ってもらえませんでした。試用期間中は残業代を請求できないのでしょうか。 145

3 入社4年目の社員Xの着服が発覚しました。本人はすでに退職しており、現在行方不明です。身元保証人Yに損害賠償請求できますか。 146

4 事前に上司が残業を指示していなかったという理由で残業代の支払いを拒否されたのですが、許されるのでしょうか。 147

5 海外出張中にケガをした場合、どんな補償を受けることができますか。 148

6 重大なプロジェクトを任され、連日のように残業と休日出勤を繰り返し、精神疾患を患った場合、どんな要求をすることができますか。 150

7 過労死した労働者について、遺族が労災の請求や損害賠償請求を求めることはできるのでしょうか。 152

8	在籍出向中に出向先でケガをした場合、出向元と出向先のどちらに責任を問えばよいのでしょうか。	153
9	長時間労働によりうつ病を発症した息子が自殺しました。せめて、会社の責任を問いたいのですが、認められないのでしょうか。	154
10	社内会議中、口論からケンカになりケガをしたのですが、相手だけでなく会社に対して損害賠償請求をすることは可能でしょうか。	155
11	銀行員ですが、勤務先に強盗が入ってケガをしました。会社にも責任はないのでしょうか。	156
12	名ばかりの管理者で実情が一般社員と変わらない場合、残業代はもらえますか。	157
13	職場の上司や一部の同僚から、いじめにあっています。リストラ目的であることはわかっているので対抗したいのですが、何か手段はあるでしょうか。	158
14	会社を一方的に退職したところ、業務に重大な損失が出たという理由で損害賠償を請求されました。応じなければなりませんか。	159
15	ライバル会社に、部長をはじめ大量の従業員を引き抜かれたですが、被った損害について損害賠償請求できないのでしょうか。	160
16	取締役の1人が同業のライバル会社を経営して、自社のお得意先などを奪っている場合に、損害賠償請求できるのでしょうか。	161
17	事業の失敗で会社に損害を与えてしまった場合、取締役は、会社や株主から損害賠償請求を受けることがありますか。	162
18	取締役として名前を貸しただけであっても賠償責任を負うのでしょうか。	163
19	類似の商号を使われて減少した売上分の損害賠償を請求できるのでしょうか。	164
20	退任登記の済んでいない取締役も責任を負うのでしょうか。	165
21	パート勤めをしているのですが、正社員と比較して不当な待遇を受けています。退職も視野に入れているのですが、会社に何か請求できないのでしょうか。	166
22	セクハラの程度があまりにひどく、落ち着いて仕事もできません。会社に責任はないのでしょうか。	167
23	社内で退職に追い込もうとする様々な嫌がらせ行為が行われています。このような行為はパワハラにはあたらないのでしょうか。	169
24	息子が自殺しました。会社でのいじめが原因のようです。せめて会社の責任を追及したいのですが、認められるのでしょうか。	170
25	私は会社からの退職勧奨に応じなかった1人ですが、その後、自	

主退社に促すための実質的な「追い出し部署」に配属されました。
　　　どんな対抗手段をとればよいのでしょうか。　　　　　　　　　　171
26　会社の命令で業務に必要な資格を取得するための講座を受講しま
　　　した。講座の費用は会社負担でしたが、退職時に費用を返還する
　　　ように言われました。支払う必要がありますか。　　　　　　　172
27　会社の自分用のメールを会社の管理職がチェックしていることが
　　　わかりました。会社が勝手に従業員のメールをチェックすること
　　　はできるのでしょうか。　　　　　　　　　　　　　　　　　　173
28　社内での飲み会の際、職場の機材を使って悪ふざけした写真をス
　　　マートフォンで撮影して投稿しました。酔った勢いでしたが、責
　　　任を問われることはあるのでしょうか。　　　　　　　　　　　174

第6章　近隣や日常生活をめぐるトラブルと損害賠償

1　隣家の屋根から雪やつららが落ち、盆栽が枯れたり、ケガの危険
　　が生じています。注意を聞かない隣人Aさんに対し、損害賠償請
　　求できますか。　　　　　　　　　　　　　　　　　　　　　　176
2　隣地や隣室の騒音に悩まされているのですが、どんな場合に損害
　　賠償請求や差止請求が認められるのでしょうか。　　　　　　　177
3　隣地の工事の振動がひどいのですが、どんな場合に損害賠償請求
　　や差止請求が認められるのでしょうか。　　　　　　　　　　　179
4　工事中の隣家で、作業員のミスで落下した建築資材により自宅が
　　破損しました。この場合、誰に対して、損害賠償請求を行えばよ
　　いのでしょうか。　　　　　　　　　　　　　　　　　　　　　180
5　新築した家で、夫婦共にシックハウス症候群による体調不良で悩
　　まされています。建築業者に損害賠償を請求できるでしょうか。　181
6　建物に日照をさえぎられる場合、日照権侵害を理由に工事差止め
　　や損害賠償請求をすることはできるのでしょうか。　　　　　　182
7　預かった子どもやペットがケガ・死亡した場合や預った物を傷つ
　　けた場合、責任を負うことはあるのでしょうか。　　　　　　　184
8　近くにビルが建つ予定があり、家の窓から海が見えなくなる恐
　　れがあります。日照の問題はありませんが、損害賠償請求可能で
　　しょうか。　　　　　　　　　　　　　　　　　　　　　　　　185
9　食品製造工場から発生する悪臭で、近隣の住民が病気や体調不良
　　を訴えています。損害賠償請求は認められますか。　　　　　　186
10　10歳のA君が5歳の息子を滑り台から突き落としました。悪ふざ
　　けの癖があったA君の親に損害賠償と慰謝料を請求できますか。　187

11	隣家の住人の失火によって自宅が全焼したのですが、損害賠償請求が認められないことはあるのでしょうか。幼児の火遊びが原因だった場合はどうなるのでしょうか。	188
12	公園の使用禁止になっている古いすべり台の階段が崩れて、子どもがケガをした場合、保護者が市に対して損害賠償を求めることはできますか。	189
13	留守中の預かり物を届けに隣家のAさんを訪問した際、飼い犬に咬まれてケガをしました。治療費について損害賠償請求はできますか。	191
14	歩行中、突然、道路沿いの家の塀が崩れてきて、体にあたってケガをしました。損害の賠償は誰に求めればよいのでしょうか。	192
15	お隣さんが溺愛している九官鳥の鳴き声に困っています。なるべく円満に対応したいとは思っていますが、損害賠償請求をすることも可能なのでしょうか。	193
16	近所のAさんが、私が複数の男性と不倫しているという嘘の噂を流しています。名誉毀損として損害賠償をすることは可能でしょうか。	194
17	自分が営むA建設が不正をしたというでたらめな記事が週刊誌に掲載されました。発行元のB社に慰謝料請求はできますか。	196
18	死んだ息子に関する事実無根の不名誉な記事が週刊誌に掲載されました。損害賠償請求はできるのでしょうか。	197
19	恋人が有名スポーツ選手なのですが、一般人である私まで写真を隠し撮りされて雑誌などに掲載されています。プライバシー侵害を理由とする損害賠償請求は可能でしょうか。	198
20	ウェブサイトの掲示板に、私に関する事実でない誹謗中傷が書き込まれています。違法な投稿の削除を求めたいのですが、誰にどのような請求をすることができるのでしょうか。	199
21	酔っ払いにケンカをふっかけられた場合、損害賠償請求は可能でしょうか。攻撃をかわすために相手にケガをさせた場合はどうなりますか。	200
22	友人がちかんの被害に遭いました。犯人はその場で捕まったのですが、電車に乗ろうとすると、記憶がよみがえり、足がすくみ、動悸が激しくなるそうです。慰謝料請求はできるのでしょうか。	201
23	ちかんの犯人に間違えられましたが、後日濡れ衣だと判明しました。一方的に騒ぎ立てた相手の女性に慰謝料を請求できるでしょうか。	202
24	電車の中で、スマホで盗撮され犯人に逃げられました。どんな対抗手段がありますか。損害賠償や慰謝料を請求できるものなのでしょうか。	203
Column	旅館で盗難にあった場合の旅館に対する賠償請求	204

第7章　契約をめぐるトラブルと損害賠償

1　当社Ａが請け負うネット通販会社の受注がサーバーの故障で止まりました。サーバー販売会社Ｂに責任を負ってもらえますか。　206

2　私の個人情報が信販会社から流出しているようなのですが、流出元や原因が明確に判明した場合、損害賠償請求は可能でしょうか。　207

3　利用人数が200人で個人情報取扱事業者にあたらない介護関係の事業者が個人情報を漏えいしたのですが、情報流出に伴う責任追及はできないのでしょうか。　208

4　他人のサイトの素材を利用してホームページを作成したところ、違法行為だという指摘を受けました。「無断転載禁止」の記載はなかったのですが、問題なのでしょうか。　209

5　私が考案したキャラクターの色合いを勝手に変更して文具品として製造・販売しているメーカーがあるのですが、色合いが変更されていると、損害賠償は認められないのでしょうか。　210

6　Ａ社から取得したプログラムが、Ｂ社からの警告により盗用品だと発覚しました。賠償請求されるのでしょうか。　211

7　Ａ社が、当社製作のパソコンのデザインをマネた商品を製作し、安価で販売しています。責任追及はできますか。　212

8　新品のテレビが発火したことが原因で火事になり、家が全焼しました。テレビのメーカーに賠償請求できるのでしょうか。　213

9　会社でお弁当を注文し、それを食べた社員全員が食中毒になりました。弁当業者に損害賠償請求できるでしょうか。　214

10　建築業者に契約解除を申し出たところ、基礎工事に使用した材木の加工代を請求されました。手付金を放棄するだけではすまないのでしょうか。　215

11　マイホームの購入後、しばらく経って雨漏り、壁の亀裂といった欠陥があることが判明しました。手抜工事が原因と思われるのですが、損害賠償請求の期間制限はあるのでしょうか。　216

12　ネットでおせち料理を注文しましたが、注文した商品とは違う料理が送られて来ました。損害を賠償してもらえますか。　217

13　結婚式のためにパーマをかけてもらいましたが、失敗して披露宴の予定を台無しにされてしまいました。美容室に賠償請求したいのですがどこまで認められますか。　218

14　ファミレスで仕事をしていた際に、運んでいた料理をウエイターがこぼしてノートパソコンが故障してしまいました。損害賠償はどこまで認められますか。　219

15 興味本位に会員制のアダルトサイトを見ていて、誤って登録ボタンを押してしまいました。登録料を支払わなければならないのでしょうか。 220

16 ネットオークションなどで、「ノークレームノーリターンでお願いします」といった表示を見かけることがありますが、本当に売主に何も請求できないのでしょうか。 221

第8章 困ったときの相談先・法的解決手続き

トラブル解決のための相談機関 224
弁護士会の各種相談機関 224／裁判所の相談窓口 224／その他 225

示談交渉 226
示談とは 226／示談交渉で気をつけること 226／示談が成立したといえるには 227／刑事告訴と示談の効果 228／示談書を作成する際の注意点 228／賠償額はどのように算出するか 230

書式 示談書サンプル（製品事故） 231

内容証明郵便の活用 232
内容証明郵便とは 232／1枚の用紙に書ける字数が決まっている 232／郵便局へ持って行く 233／料金と配達証明 234／同文内容証明郵便 234

書式 内容証明郵便（パワハラの被害者による会社に対する請求書） 235

公正証書の作成と活用法 236
公正証書とは 236／公証役場での手続き 237／作成を依頼する場合の費用 237／公正証書の正本の内容 237／和解契約の公正証書作成の際の注意点 238

書式 公正証書サンプル（交通事故についての和解契約公正証書） 240

裁判所を利用した手続き 243
様々な法的手段 243／民事調停 243／支払督促 244／即決和解 246／労働審判 247

家庭裁判所を利用した手続き 248
家事事件 248／家事調停 249／家事審判 250

訴訟手続き 251
訴訟の管轄 251／どこの裁判所に訴えを起こすか 251／第一審の手続はどうなっているのか 252／訴訟上の和解 254／判決に不服な場合 254／少額訴訟 254／強制執行 255

第1章

損害賠償の基礎知識

損害賠償請求をする際のルールと問題点について教えて下さい。

発生した損害を公平に分担するため、ルールに基づいて損害賠償請求することになります。

　日常生活の中では、様々なトラブルに巻き込まれる可能性があります。日常生活で生じたトラブルに備えて、法は様々な解決手段を用意しています。

　ある人が他人にケガをさせてしまった場合のように、他人に損害を与えたときに、金銭の支払いによって償う方法が損害賠償です。ただ、損害が発生したからといって、必ずしも賠償請求ができるとは限らず、賠償責任が発生するための一定の要件が必要になります。

　損害賠償制度は、発生した損害を公平に分担するためのものです。このような趣旨に基づいて、損害賠償制度には次のような基本的な特徴があります。

① **直接の加害者以外の者が賠償請求されることもある**

　損害賠償は、加害者への懲罰を目的とするものではなく、被害者の損害を補償（補てん）することを目的としています。そのために、直接の加害者ではない人（加害少年の親など）にも賠償責任を負わせて、より確実に損害の回復を図っている場合もあります。

② **賠償請求は因果関係の範囲で行う**

　損害賠償によって、発生した損害のすべてが補てんされるとは限りません。

生じた結果（損害）には、必ず原因があるはずです。この原因と結果の関係を因果関係といいます。ただ、因果関係は、無限に拡大していく可能性があります。そこで、補てんされる損害に一定の基準を設けました。つまり、加害者の行為と「相当な因果関係」（相当因果関係）のある損害についてだけ賠償させるという基準を設けています。因果関係に基準を設けておかないと、損害の公平な分担ができなくなるおそれがあるからです。

③　**精神的損害も請求できる**

　損害賠償で補てんされるものは、財産的な損害だけには限りません。悲しみや恐怖、痛みや恥辱などによって生じる精神的な苦痛や損害についても金銭に評価して補てんする慰謝料というものがあります。

④　**過失相殺や損益相殺もある**

　損害賠償制度は、損害の公平な分担を趣旨としますから、賠償の対象となる損害の発生、または拡大について、被害者側にも過失（責任）がある場合には、過失の程度に応じて賠償額を調整することができます。これを過失相殺といいます。また、不法行為を受けたことによってかえって利益を得るようなことのないように調整をします。これを損益相殺といいます。

■ **損害賠償請求するには**

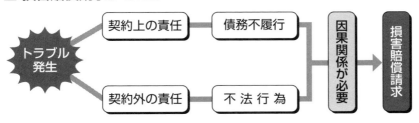

第1章　● 損害賠償の基礎知識

敷金返還請求、未払い残業代請求、養育費支払請求などは損害賠償請求とは違うのでしょうか。

損害賠償は他人から被った損害を金銭等により賠償することが目的の救済制度です。

　たとえば、借家の退去時に敷金の返還を求める請求、労働者が使用者に対して行う未払い賃金の請求、または、子どもの養育費の支払いを求める請求など、法律上の請求として、金銭の支払いを求める場面が私たちの生活の中には多くあります。そして、これらの金銭の支払いを求める請求を、すべて「損害賠償だ」と考えている人が少なからずいます。

　しかし上記の請求は、家屋を貸し借りする関係（賃貸借契約）、労働者の雇用契約など、前提として結ばれた契約の内容を実現するために、相手方に対して請求されるものです。また養育費支払い請求等は、親と子どもという家族法上の関係に基づいて、子どもの養育監護権を実現するために請求されるものです。

　これに対して、原則として金銭によって被害者が被った損害から救済するための制度が損害賠償請求です。損害賠償請求には契約上などの損害の賠償を求める債務不履行に基づく請求や不法行為に基づく請求がありますが、たとえば、「他人に殴られてケガをしたため、治療費を不法行為に基づく損害賠償請求として支払いを求めたい」という場合が典型例です。したがって、損害賠償請求と冒頭に挙げた請求は、目的が異なる全く別の制度ということになりますので、区別する必要があります。

 債務不履行と不法行為の違いについて教えて下さい。

 債務を負っている者の責任と違法行為を行った者の責任の違いです。

　損害賠償責任を発生させる法律上の原因として、債務不履行による場合と不法行為による場合があります。
　債務不履行とは、相手方に対して一定の債務を負っている者が、行うべき債務の履行をしなかった場合に、相手方に生じた損害を賠償する責任のことです。債務不履行には、履行遅滞、履行不能、不完全履行の3つのケースがあります。履行遅滞とは、契約の履行が可能であるにも関わらず、履行期を過ぎても履行しないことをいいます。履行不能とは、契約の履行が、履行期に関係なく、全く不能な状態です。不完全履行とは、契約の履行が一応なされたが、履行が不完全な場合をいいます。履行期前に、不完全な履行がなされたとしても、履行期に、修理をしたり、契約内容に代わる物を提供すれば（「追完」といいます）債務の本旨に従った履行をしたといえる場合もあります。
　一方、不法行為とは、（故意または過失による）違法な行為によって相手方の権利や利益を侵害する行為をいいます。たとえば、自動車で他人をはねてケガをさせた場合の治療費の賠償や、浮気によって生じた精神的苦痛についての慰謝料などが不法行為の例です。生活妨害から社会問題となる公害まで、不法行為の態様は様々です。

 債務不履行による損害賠償はどんな場合に認められるのでしょうか。

 「履行がないこと」と債務者の「帰責事由」がある場合に損害賠償請求が認められます。

契約は、申込の意思表示と承諾の意思表示が合致して成立する法律行為です。契約が成立したからといって、必ずしも契約内容を履行してもらえるとは限りません。契約が履行されなければ債務不履行になります。

債務不履行には、「債務の本旨に従った履行がないこと（客観的要件）」の他に、「債務不履行が債務者の責に帰すべき事由（帰責事由）に基づくこと（主観的要件）」という要件が必要です。

「債務者の責めに帰すべき事由」とは、「債務者の故意・過失、または信義則上これと同視すべき事由」とされています。信義則とは、権利の行使及び義務の履行は信義に従い誠実に行わなければならないとする一般原則のことです。故意とは、「わかった上で」行うことです。過失とは、「不注意で」行うことをいいます。たとえば履行期が過ぎているにも関わらず気づかず、遅滞に陥ってしまったというような場合が過失の例です。

●債務不履行による損害賠償の範囲

ある人が他人に損害を与えたとき、実際に発生した損害のどこまでを賠償しなければならないのでしょうか。

債務不履行によって債権者に損害が生じた場合に債務者が負う賠償の範囲は、債務不履行によって通常生じる損害（通常損害）

と、通常考えられる範囲を超えて生じた特別の事情に基づく損害（特別損害）の2つに分けられます。

たとえば、売買の目的物の引渡しが遅れたときに、「遅れなければその物を利用して得ることができたであろう利益」は通常損害です。何をもって「通常」というかの基準については、かなり抽象的になりますが、加害者の行為と相当な因果関係にある範囲の損害に対して賠償責任を負うものとされています。因果関係とは、たとえば「Aという事実がなければBという事実がない」という場合のAB間の関係をいいます。相当な因果関係とは、社会の一般常識に照らして、その行為からその結果が生じることが通常といえる場合です。

これに対して、「引渡しが遅れたために債権者（買主）が目的物の代わりに高いものを借りなければならなかった」という損害は特別損害です。当事者が予測できないような異例の損害についてまで債務者が責任を負わなければならないとするのは、債務者にとって酷ですから、債務者の負う損害賠償の範囲は、通常損害に限られるのが原則です（民法416条1項）。

ただ、当事者が「特別な事情」を予見したり、予見することができたりしたときには、債権者は特別の事情から生じた損害についても賠償を請求できます（民法416条2項）。

■ 損害賠償の範囲

通常損害 … 債務不履行があれば通常生じる損害
　　⬅ 当事者の予見や予見可能性は不要

特別損害 … 特別の事情によって生じた損害
　　⬅ 特別の事情について当事者の予見や予見可能性が必要

第1章 ● 損害賠償の基礎知識

 債務不履行による損害賠償の賠償内容について教えて下さい。

 履行遅滞・履行不能・不完全履行のケースごとに賠償内容も異なります。

債務不履行による損害賠償の範囲について通常損害と特別損害があることはQ4で前述しました。履行遅滞・履行不能・不完全履行のそれぞれのケースでの取扱いは以下のように考えられています。

① 履行遅滞

債務の履行が可能であるにも関わらず、予め決められた期限までに履行されなかった場合です。この場合、期限を過ぎてから債務者が履行したときでも、そのまま履行をしなかったときでも、債権者は損害賠償を請求することができます。

損害賠償の範囲は、「もし、期限どおりに債務が履行されていたら、債権者が得ることができたであろう利益」になります。もちろん、基準は「相当因果関係」(債務者の行為から生じた損害として通常といえる関係)の範囲になります。そして、特別な損害(21ページ)については、債務者が期限の時点で知っていたか知ることができた場合には、賠償すべき範囲に含まれます。もし、期限後に債務が履行されたとしても、遅れたことによって損害が発生していたのであれば、これらの基準に従って損害賠償を請求できます。

② 履行不能

履行不能は、債務者の責任によって、債務を履行することが不

可能になってしまった場合です。この場合は、もはや債務を履行することができないので、本来の債務の履行に代わる賠償が請求できます。

　たとえば、建物の売買契約が成立した後に、売主の不注意でその建物を焼失してしまったときには、建物を引き渡すことはできませんので、その分を金銭に換算して損害を賠償するわけです。この場合の賠償額は、履行が不可能になってしまった目的物がもつ客観的な価格（市場価格）になります。もし、目的物の値段が上昇し続けていたというような特別な事情があるときには、その特別な事情を債務者が知っているか知ることができた場合は、上昇した価格分も賠償しなければなりません。

③　不完全履行

　不完全履行は一見、履行がなされているようでも、本来の債務の履行としては不十分な場合です。たとえば、ビンビール1ダースを注文したところ、そのうちの2本が割れていた場合などがこれにあたります。不完全履行は、その後に完全な履行ができるかどうかで、取扱いが異なってきます。

・完全な履行ができる場合

　後から完全な履行をすることを「追完」といいます。債務者によって追完がなされて、損害が発生しなければ賠償責任は生じません。追完されても損害が発生していれば、債権者は損害賠償請求ができます。また、一定期間以内に追完するように催促して、債務者が追完しない場合は、契約そのものを解除した上で損害賠償を請求することもできます。

・完全な履行ができない場合

　追完ができない場合には、履行不能の場合と同様に損害賠償を請求できます。

契約時に定める損害賠償額の予定や違約金とはどんなものなのでしょうか。

債務不履行が生じた際に、債権者にとって賠償請求しやすくするためのものです。

契約時に、契約書に予め損害賠償額の予定に関する条項を入れるケースがあります。これは、債務不履行が生じた場合に備えるという役割を果たします。予め損害賠償額を定めておけば、実際に債務不履行となった場合でも、債権者側は損害の発生や損害額を立証する必要はありません。債務不履行の事実を証明すれば賠償を請求できるからです。なお、実際の損害額が予定された賠償額より大きい場合でも、予定額を超える部分は請求できません。

通常は、契約の際に一定の金額を取り決めることが多いようです。ただ、合意の上といっても、不当な額が定められる恐れがありますので、消費者に対する契約では、特別法（具体例では、利息制限法、消費者契約法など）によって、事業者から消費者に対する損害賠償請求金額の予定の上限が定められています。たとえば、消費者契約法では損害賠償額の上限が年14.6％とされており、上限を超えた分は無効になります（消費者契約法9条2項）。

●違約金を定めることもできる

違約金とは、債務不履行をした当事者が、支払うべきものとして約束する一種の制裁金のことです。民法では、制裁金を損害賠償額の予定と推定していますが、契約書などでは、損害賠償金とは別個のものとして定めることもできます。

不法行為の損害賠償請求はどんな場合に認められるのでしょうか。

故意・過失、違法行為、相当因果関係、加害者の責任能力の4要件を満たすことが必要です。

　不法行為とは、故意または過失によって他人の権利を違法に侵害し、損害を与える行為のことをいいます。不法行為には、一般的な不法行為と、特殊な不法行為の2種類があります。
　一般的な不法行為の成立要件は、①加害者の故意または過失による行為に基づくこと、②他人の権利や利益を違法に侵害したこと、③加害行為と損害発生の間に相当因果関係があること、④加害者に責任能力があること、です。

●故意または過失について
　債務不履行の場合と同様に、故意とは「わかった上で」行うことであり、過失とは「不注意で」行うことです。不法行為においては、加害者が行った行為は加害者に責任があり、加害者以外の人は責任を負わないのが原則です。
　ただ、加害者が小学生の場合の監督義務者など、加害者以外の者が不法行為責任を負うケースも認められています（27ページ）。
　過失は、抽象的過失と具体的過失に分けられます。①抽象的過失とは、一般人・普通人・標準人としてなすべき注意を怠ったことをいいます。②具体的過失とは、不法行為をした人の平常・普段の注意を怠ったことをいいます。不法行為をした人の職業・地

位・事件の環境を考慮した上で判断されます。

なお、過失には、重過失と軽過失があります。重過失とは、不注意の程度が著しい場合のことで、軽過失とは、単なる不注意といえる程度のことです。重過失が認められると責任も重くなります。

不法行為を理由に損害賠償請求する場合、加害者に故意または過失があったことを、被害者側で証明しなければなりません。

故意・過失の立証は困難な場合が多く、その立証責任を負う被害者は訴訟上、非常に不利な立場にあるといえます。

被害者を保護するため、一定の場合には加害者側で故意・過失のなかったことを証明しない限り責任を免れないこともあります。

●違法性がない場合について

不法行為は、違法性があってはじめて賠償責任が生じますが、何らかの事情により違法性がないと判断された場合は、損害賠償の責任を負わない場合があります。民法上の正当防衛と緊急避難がそうです。

正当防衛は、他人の不法行為から自分や第三者の権利を防衛するために、やむを得ず反撃する行為のことです。反撃行為によって、他人にケガを負わせても、正当防衛であると判断されると、損害賠償責任を負いません。

緊急避難は、急迫の危険を避けるために、やむを得ず他人の権利を侵害することをいいます。緊急避難と認定された場合も、損害賠償責任は負いません。

●不法行為の損害賠償請求の範囲

損害賠償の範囲には、一定の制限が設けられています。社会一般の常識に照らして、その行為からその結果が生じるのが相当であるといえる範囲の損害についてだけ賠償すれば足りると考えられています。これを相当因果関係の基準といいます。この基準は、債務不履行の場合にも不法行為の場合にもあてはまります。

直接の加害者以外の者に対して不法行為による損害賠償請求をすることは可能なのでしょうか。

親などの保護者や、従業員が務める会社が責任を負うこともあります。

被害者の救済のために直接の加害者以外の者に対しても損害賠償を請求することが認められています。

① **責任無能力者の監督者の責任**

責任能力のない未成年者及び精神上の障害で自分の行為の是非を判断できない者の加害行為に対しては、これらの者を監督すべき義務のある者が損害賠償の責任を負います。

監督義務者としては、親や後見人、または、法定の監督義務者に代わって監督する者、たとえば、託児所の保母、幼稚園・小学校の教員などが挙げられます。監督義務者は、監督の義務を怠らなかったことを証明すれば責任を免れます。

② **使用者の責任**

会社の従業員が仕事で運転中に事故を起こしたなど、従業員（被用者）が職務行為をするにあたって他人に損害を与えた場合に、会社の経営者（使用者）にもその賠償責任を負わせるものです。

会社の経営者は、従業員の選任及び監督に相当の注意をしたこと、または相当の注意をしても損害が生じたことを証明すれば損害賠償責任を免れることができます。

③ **土地の工作物の責任**

塀がくずれて通行人が負傷したというように土地の工作物の設

置または保存に瑕疵（欠陥）があったために、他人に損害が生じたときは、その工作物の占有者または所有者が賠償責任を負います。

占有者は損害の発生を防止するのに必要な注意をしたときは責任を免れますが、その場合は所有者が責任を負います。所有者には、免責が認められていません（無過失責任）。

④　動物占有者の責任

飼い犬が近所の人を噛んだ場合など、動物が損害を与えたときは、その動物の占有者または管理者が賠償責任を負います。

ただ、その動物の種類や性質に従った相当な注意をしていたときは賠償責任を免れることができます。

⑤　共同不法行為

数人の者が不法行為によって他人に損害を加えたときには、連帯して不法行為責任を負うとしています。これを共同不法行為といいます。

共同不法行為においては、各自の行為がそれぞれ不法行為の要件を満たしていれば、各自が全損害について連帯して賠償責任を負います。

不法行為をそそのかした者（教唆者）や手助けした者（幇助者）も、生じた損害全額について連帯して責任を負います。

■ **特殊な不法行為**

```
                    ┌── 責任無能力者の監督者（未成年者の親など）
                    ├── 使用者の責任（従業員の雇用主など）
   特殊な不法 ──────┼── 土地工作物の占有者（建物管理人など）
   行為の責任者     ├── 動物占有者の責任（ペットの飼い主など）
                    └── 共同不法行為者の責任（共同作業員など）
```

 賠償請求が認められる損害とは、具体的にどんなものを指すのでしょうか。

 大きく分けると、財産的損害と精神的損害（慰謝料）の２つに分かれます。

　損害賠償請求が認められるためには、債務不履行と不法行為のどちらの場合であっても、損害が発生していることが必要です。

　損害は、「財産的損害」と「精神的損害」（慰謝料）の２つに分けることができます。財産的損害と慰謝料は、賠償請求ができるという点で共通しますが、その本質的な性質において異なります。

　財産的損害は、「積極損害」と「消極損害」に分けられます。交通事故のケースを例に挙げると、積極損害とは、事故でケガをしたときの治療費など、今ある財産が減ったことによる損害のことです。一方、消極損害とは、入院によって仕事ができなかったため収入が減少したなど、事故がなければ得られたはずの利益を得られなくなったことによる損害のことです。

　一方、慰謝料は、悲しみや恐怖など、精神的損害を償うためにあるものです。慰謝料は、精神的な損害という目に見えない損害についての賠償金であるので、目に見える財産的損害を償う損害賠償とは違った性質を有します。なお、会社などの法人については、精神上の苦痛を受けるという考え方はなじみませんが、法人であっても無形の損害を受けることはあるため、財産以外の損害についての請求権も認められる可能性はあります。

Question 10 財産的損害にはどんなものがあるのでしょうか。

治療費などの積極的損害と、失った利益についての逸失利益をケースごとに請求することになります。

　財産的損害は、所有物の毀損や治療費の支出など、現実に財産が減少したことによって生じた積極的損害と、不法行為がなければ得たであろう利益を失ったという、得べかりし利益の喪失による消極的損害に分けられます。

① 所有物が滅失・毀損したとき

　所有物が毀損された場合は、修繕費の額が損害となります。また、所有物が奪われた場合は、所有物を取り戻すのに必要な費用や、取り戻すまで所有物を利用できなかったことによる損失も、賠償の対象になります。

② 利用権が侵害された場合

　建物などの賃借人が、賃借の目的物を他人によって不法占拠されていた場合や、賃借人が賃貸借契約終了後も明渡しをしない場合などは、その期間の賃料相当額が損害額になります。

③ 担保権が侵害されたとき

　土地や建物に抵当権といった担保権を設定している場合に第三者・債務者自身・物上保証人が、担保目的物を滅失毀損したり価値を減少させたりしたときは、その行為は不法行為に該当します。このように担保権が侵害された場合、担保権者は権利侵害と

して賠償請求できます。
④　**生命侵害**
　被害者を死亡させた場合は、財産的損害として逸失利益も含めて賠償することになります。
　逸失利益は、生存していれば得られたであろう利益のことをいいます。被害者が死亡したときの収入や、定年退職までの残りの可働年数、被害者の年齢、性別など、個別に損害額を算定していく必要があります。また、葬祭費用についても、相当な範囲で損害として認められています。
⑤　**身体傷害**
　被害者が身体を傷害した場合は、治療費や付添費、治療期間中の休業によって減少した収入分などが損害として認められます。傷害を負った場合も、逸失利益が認められることがあります。
⑥　**その他**
　名誉や信用の毀損、あるいは営業妨害などによって収入が減少した場合は、減少した分の損害を賠償請求できます。

■ **損害のしくみ**

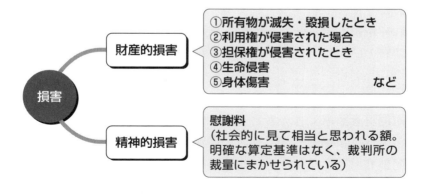

 精神的損害の損害賠償請求にはどんな問題があるのでしょうか。

 誰に慰謝料請求が認められるのかという問題があります。

　損害賠償の一種として慰謝料の請求が認められることがあります。これまで説明してきた損害賠償は、財産的損害に対する賠償ですが、被害者（債権者）が被った精神的損害に対する賠償が慰謝料です。財産的損害の計算は比較的容易ですが、精神的損害は無形のものですので、その計算は難しくなります。

　被害者の状況や事件の背景、被害の程度などあらゆる資料をもとに総合的に判断されます。慰謝料は精神的損害を金銭に換算したものです。理屈の上では、財産的損害を被ったときでも、精神的ダメージがあれば慰謝料を請求できることになります。

　ただ、債務不履行の場合の多くは、財産的損害が賠償されれば、それで精神的ダメージも回復されたとみなされることが多いので、慰謝料の請求が認められるのはまれです。一方、身体を傷つけられたり、名誉を侵害された場合のような不法行為では、慰謝料の請求が認められるのが一般的です。

●慰謝料を請求できる者とできない者がいる

　慰謝料は精神的損害を金銭に換算したものです。ですから、損害賠償の原因となった事件の被害者は十分に慰謝料を請求できる可能性があります。

　また、それ以外の者、具体的には被害者の親族にも慰謝料の請

求が認められる場合があります。

① **被害者自身の慰謝料請求について**

　暴力をふるわれ、傷害を負った場合などに、被害者本人が慰謝料を請求できることに問題はありません。

　問題なのは、被害者本人が死亡してしまった場合です。理屈の上からは、死者には精神的ダメージは残らないのですから、慰謝料は発生しないようにも思えます。しかし、傷害の場合に慰謝料が発生して、それよりも重い損害といえる死亡の場合に慰謝料が発生しないのでは不公平です。そのため、判例では死亡の場合にも慰謝料は発生するとしています。この死者に発生する慰謝料は、その遺族が加害者に対して請求することになります。

② **被害者以外の慰謝料請求について**

　暴力をふるわれ、被害者が死亡した場合に、その近親者はかなりの精神的ダメージを受けます。

　そこで、死亡した被害者の父母・配偶者・子どもには、被害者本人の慰謝料請求権とは別に自分自身の権利として慰謝料請求権が認められています。

　では、ここに挙げられていない祖父母・孫・兄弟姉妹、さらに内縁の配偶者などは、自分自身の権利として慰謝料を請求することができないのでしょうか。これについては、これらの者も配偶者や親子と同じような生活関係があれば、受ける精神的ダメージは変わらないはずなので、自分自身の権利として慰謝料を請求することができるとした判例があります。

　次に、被害者が死亡した場合でなければ、近親者が自分自身の権利として慰謝料を請求することはできないのでしょうか。これも難しい問題です。ただ、女の子が顔面に残るような深い傷害を負った場合のように、生命侵害に匹敵するほどの傷害であれば、親族にも慰謝料請求を認めることができるとした判例があります。

その他どんな場合に損害賠償請求が認められるのでしょうか。

債務不履行や不法行為がない場合でも損害賠償請求が認められる場合があります。

　契約の目的物にあるべき権利がない、または、不良箇所といった瑕疵がある場合に、売主が負うべき責任を売主の担保責任といいます。特に、契約の目的物に普通に注意していても発見できないような欠陥がある場合に、売主などが負う賠償責任のことを瑕疵担保責任といいます。瑕疵とは、簡単にいえばキズのことです。
　買主が瑕疵の存在を知らなかった場合は、売主に損害賠償を請求できます（瑕疵があるために契約の目的を達成できない場合には、契約を解除できます）。売主の責任は無過失責任で、重い責任負担になっています。
　債務者が賠償する損害の範囲に関連して、履行利益と信頼利益の区別が問題とされることがあります。履行利益とは、契約が履行されていれば得られたであろう利益をいい、信頼利益とは、契約を有効であると信じたことによる利益（契約を有効だと信じたことにより被った損害）をいいます。たとえば、目的物の転売による利益は履行利益にあたり、契約の準備にかかった費用などは信頼利益にあたります。債務不履行の場合、履行利益についての損害賠償請求が可能ですが、瑕疵担保責任の場合、そもそもキズがない物は存在しなかったわけですから、認められる損害の範囲も信頼利益の賠償になると考えられています。

損害賠償金や慰謝料は課税対象になるのでしょうか。

原則として課税の対象外ですが、金額によっては所得税の課税の対象となります。

利益が生じている者には、利益分の一定割合を税金として、国や地方公共団体に納めてもらうのが、課税の基本的な方法です。

損害賠償についてみると、治療費は実費相当額ですから、賠償を受けても利益はありませんし、休業損害とは、ケガがなければ得られていたはずの収入ですから、やはり賠償を受けても利益は生じません。損害賠償は、被害者の損害を補うためにありますから、課税の対象から外れます。

以前の裁判において、損害賠償金への課税取消しを命じた例もあります。株価急落で損害を受けた人々に支払われた賠償金が一時所得とみなされ、一度は課税対象とされました。しかしその後、「賠償金は補てんであり、利得ではない」という訴えが認められ、非課税とされました。

慰謝料についても、暴行や傷害を受けたことによって被った精神的苦痛を補うために支払われたもので、やはり利益ではありませんから、課税の対象からは外れています。

ただ、実際の損害を大きく上回るような金額を損害賠償や慰謝料として受け取った場合には、実際の損害を超えた部分については利益となりますから、一時所得として所得税の課税の対象となりますので、注意が必要です。

損害賠償請求はいつまででも認められるのでしょうか。

債務不履行の場合は10年、不法行為の場合は、損害と加害者を知ったときから3年、または不法行為のときから20年で時効消滅します。

　時効とは、一定の事実関係が続いている場合に、その続いている事実状態をそのまま権利関係として認めようとする制度のことをいいます。時効には、取得時効と消滅時効がありますが、損害賠償請求については、消滅時効が問題になります。

　消滅時効とは、たとえば、飲食代の支払いという債務があるにも関わらず、飲食代を支払わないままの事実状態が一定期間続いていた場合には、飲食代（債務）が消滅したのと同様に扱う場合をいいます。損害賠償請求権に消滅時効が成立するのは、請求権の種類、発生原因によって違ってきます。まず、債務不履行による場合は、一般債権にあたりますから、10年で消滅します。一方、不法行為による損害賠償請求権については、損害と加害者を知ったときから3年または不法行為のときから20年で消滅します。

●時効はどこから起算されるのか

　消滅時効は、その権利を行使できるときから、進行が始まります。権利を行使できるときは、それぞれの場合によって異なります。

　債務不履行による損害賠償請求権は、債務の履行期限が到来したにも関わらず履行しないとき（不履行時）より行使できますから、消滅時効も不履行時から進行を開始するのが原則です。

不法行為による損害賠償請求権は、被害者が損害と加害者を知ったときから、消滅時効が進行します。「加害者を知る」とは、直接の不法行為者が誰であるかを知るという意味です。

●時効の中断と時効の援用

　時効の中断とは、時効の進行を止め、消滅しようとする権利をもう一度よみがえらせようとすることです。内容証明郵便を利用して相手方に請求をするという方法がとられるのが一般的です。ただ、内容証明郵便による請求（催告）は、あくまでも暫定的な方法にすぎないので、相手方が請求に応じない場合には、内容証明を送ってから6か月以内に裁判上の請求などの法的措置をとる必要があります。また、時効中断事由の1つとして「承認」がありますが、承認とは債務者（加害者）の方からその債務（損害賠償債務）が存在していることを認めることをいいます。

　時効の援用とは、時効の利益を受けるという意思を表示することをいいます。時効は期間が経過しただけでは成立せず、当事者が時効の援用をしてはじめて成立します。

■ 債務不履行の損害賠償請求の消滅時効

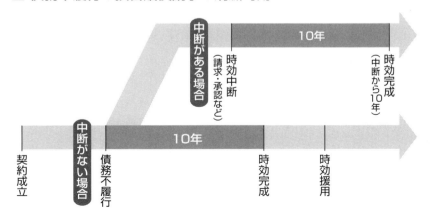

 被害を受けたことで利益を受けた場合にも全額の賠償請求は可能でしょうか。

 損害を被ったことで受けた利益がある場合、利益を損害額から控除します。

　損益相殺とは、被害者が不法行為や債務不履行によって損害を受けながら、その反面として利益を受けた場合に、受けた利益を損害額から控除して賠償額を決定することです。

　具体例としては、被害者が不法行為を受けることによって、火災保険金あるいは自動車損害賠償保険金のような損害保険金を得た場合が考えられます。損害保険金は損害のてん補を目的としているものですから、保険金で得た分を控除しないと、損害額の二重取りになりますし、公平を欠くことにもなります。

　また、被害者が死亡した場合に、逸失利益を算定する場合は、生きていれば支出を免れなかったであろう生活費を差し引くことになります。生活費は誰にでもかかる費用だからです。

●損益相殺の対象にならないもの

　被害者が、被害を受けたことによって得た金銭などのすべてについて損益相殺として控除されるわけではありません。

　任意加入の生命保険金や傷害保険金は、被害者の損害のてん補だけが目的ではないので、損益相殺の対象からはずれます。また、数万円程度の香典・見舞金、生活保護法の公的扶助、雇用保険による給付金なども控除の対象にならないものとされています。

 被害者にも過失があるような場合にも損害賠償請求が認められるのでしょうか。

 損害の発生について被害者にも過失がある場合に損害額から一定額を減額するのが過失相殺です。

　発生した損害について、被害者にも責任があるような場合にまで加害者が発生したすべての損害について賠償責任を負わされるのでは、損害賠償制度のめざしている「公平」を実現することはできません。そこで、被害者にも、損害の発生について過失がある場合には、その分を損害賠償額の計算に反映させることになっています。これを過失相殺といいます。

　過失相殺とは、不法行為または債務不履行に際し、被害者にも過失があって損害の発生や拡大の一因になった場合に、損害額から被害者の過失割合に相当する額を差し引くことをいいます。被害者に過失があった場合は、過失相殺をすることで、賠償額を算定します。たとえば、500万円の損害額があっても、被害者の過失が3割と認定されれば、賠償すべき額は、500万円×（1－0.3）＝350万円となります。

　過失相殺において考慮される「過失」とは、損害の発生や拡大の一因になった被害者の不注意や落ち度のことです。過失相殺を行うには被害者にも責任能力が要求されますが、過失相殺で要求される責任能力は、不法行為の成立要件の1つとして加害者に要求される責任能力の程度よりも低く、損害の発生を避けるために

必要な行為をする能力があれば足りるとされています。

　過失相殺の場合も、慰謝料の算定の場合と同様に、過失の割合を認定する基準はなく、事案ごとに個別に判断することになります。ただ、交通事故については、物損事故や人身事故の態様や事故現場の状況により、ある程度定型化された過失相殺の基準があり、実務でも、定型化された基準を基に判断することになります。

●**被害者の特別事情の考慮**

　体質や病気など不法行為の被害者がもっている何らかの特質のために、損害が拡大することもたまにあります。以前からかかっている病気と合わさることで損害が拡大したり、被害者の心理的な問題が要因となって損害が拡大するような場合です。たとえば、もともと脳に損傷のあった人が交通事故に遭い、その強い衝撃によって重い精神障害を患うことになったという場合です。このような場合に、拡大したすべての損害について加害者に賠償責任を負わせるのでは、やはり公平な解決とはいえません。そこで、判例では、このような場合も過失相殺の場合と同様に考えて、損害の拡大分は賠償額から差し引くようにしています。

●**被害者側の過失を考慮**

　被害者と一定の関係にある者に過失があるときは、その者の過失も過失相殺を行うにあたって考慮されることがあります。これが被害者側の過失といわれるものです。被害者側の過失が認められるかどうかはケース・バイ・ケースです。たとえば、夫が運転する車に同乗していた妻が、夫の過失で起こした事故によって傷害を受け、損害賠償請求したケースがあります。この場合には、夫の過失が被害者側の過失として考慮されます。一方、保育園から帰る際に、被害者である幼児を引率していた保育園の保母の過失は、被害者側の過失として考慮されません。被害者と密接な関係のある者の過失だけが考慮されます。

第2章

交通事故をめぐるトラブルと損害賠償

 損害賠償責任を負うのは加害者だけでしょうか。

 事故を起こした本人以外の者が責任を負うこともあります。

　交通事故が発生した場合に、被害者が被った損害について、賠償責任を負うのは原則として加害者本人です。しかし、たとえば、加害者が全く資力のない者であった場合に、加害者以外の者にも損害賠償の請求ができないとなると、被害者の救済が図れない可能性があります。そのため、以下のように直接の加害者以外の者に対して損害賠償の請求ができる場合があります。

・使用者

　会社は従業員を使用することによって利益をあげています。そこで、会社は従業員の不法行為についての責任も負うことになっています。会社が責任を負うのは事故が「事業の執行について」生じたものであること、つまり基本的に仕事中であることが必要です。

・運行供用者

　自動車を自分のために自分の支配の下で使うことができる状況にあって、自動車を運行することが自分の利益となる者（運行供用者）は、人身事故の損害賠償責任を負います。これを運行供用者責任といいます。直接の加害者でなくても、自動車損害賠償保障法（以下自賠法）によって、損害賠償責任が発生します。民法の不法行為と異なり、故意や過失がなくても責任が発生するのが

特徴です。

運行供用者責任は、被害者の保護を目的とするもので、自賠法3条に規定されています。レンタカーの貸主なども、原則として運行供用者にあたります（51ページ図参照）。

・未成年者の親など

責任能力のない未成年者及び精神上の障害で自分の行為の是非を判断できない者の加害行為については、これらの者を監督すべき義務のある者が損害賠償の責任を負います。具体的には、①自動車の運行を事実上支配管理することができること、②社会通念上自動車の運行が社会に害悪をもたらさないよう監視監督すべき立場にあること、という要件を備えていれば親の責任が認められます。監督義務者としては、親や後見人、または法定の監督義務者に代わって監督する者などが挙げられます。ただし、監督義務者は、監督の義務を怠らなかったことを証明すれば責任を免れることができます。

■ 責任追及の相手

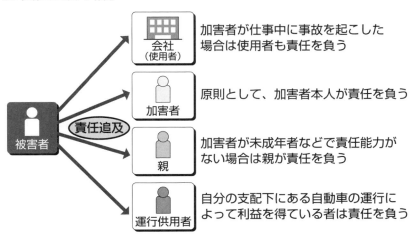

内縁の夫や妻が交通事故で死亡した場合はどうなるのでしょうか。内縁の妻とは別に戸籍上の正式な妻がいる場合はどうでしょうか。

内縁関係にある配偶者についても婚姻届を出している配偶者と同様、加害者に損害賠償を請求することができます。

　内縁関係にある配偶者も、単に婚姻届を出していないからといって、一切法律的保護が受けられないとするのは不公平です。そこで、内縁であっても事実上、婚姻関係と同様の事情にあった者と認められる場合には、法律上の保護を受けることが認められています。

　たとえば、交通事故で内縁の夫が死亡したケースで考えてみましょう。この場合、終生を共にし、被害者（内縁の夫）から扶養を受けられたはずだということが認められなければ、賠償請求はできません。逆に、内縁の妻について婚姻関係と同様の事情にあったと認められた場合には、事故の加害者に対して、扶養を受ける利益（扶養請求権）の侵害を理由とする損害賠償を請求することができます。あわせて慰謝料を請求することができます。

　ただ、内縁の夫が交通事故で死亡した際に、内縁の妻とは別に戸籍上の正式な妻がいる場合は、話が違ってきます。戸籍上の妻との夫婦関係が形骸化しており、夫から何ら金銭的扶助を受けていなかったとしても、場合によっては内縁の妻の扶養請求権侵害による損害賠償額は、相当の減額がなされることがあります。

 好意同乗中に事故に遭い、同乗者にケガをさせてしまった場合にはどうなるのでしょうか。

 好意同乗中であっても、ケガをさせれば責任を負わなければなりません。

　車に無償で同乗させてもらうことを好意同乗といいます。会社の同僚に家まで車で送ってもらうような場合が好意同乗にあたります。

　好意同乗中に事故に遭い、同乗者にケガをさせてしまった場合であっても、運転者は同乗者に対して賠償責任を負います。好意で、しかも無償で乗せてあげたからといって、賠償責任を免れる理由にはなりません。交通事故を起こした場合に、被害者が路上の歩行者だとしても、同乗者であったとしても、自動車の運転に不注意があったことで他人にケガをさせてしまったという点では変わりはないからです。

　ただ、同乗の経緯などを考慮して、賠償額が減額されるケースもあります。たとえば、同乗者が自ら事故発生の危険を増大させたり（運転を邪魔したり、スピード違反をあおるなど）、事故発生の危険が極めて高い客観的事情が存在することを知りながらあえて同乗した場合（飲酒運転や無免許運転であることを知りながら同乗するなど）には、損害額全体のおよそ１割～３割程度が減額されます。

　なお現行の道路交通法では、飲酒運転車に同乗した者も道路交通法により処罰することが可能となっています。

第2章 ● 交通事故をめぐるトラブルと損害賠償

親元を離れた大学生が加害者だった場合、親の責任を追及することはできるでしょうか。

親に損害賠償債務を保証すれば、親は責任を負います。

　たとえば、6歳の子供が、大学生（18歳）が運転する乗用車（大学生の所有物）にはねられて大ゲガをした事例で被害者の子供の親の立場で賠償問題を考えてみましょう。

　自賠法上の運行供用者として親に損害賠償を請求する方法が考えられます。しかし、この場合、加害者は親元から離れて生活しており、乗用車の購入費も自分で負担しています。そこで、親が自動車の運行に対して支配を及ぼしていたとはいえず、運行供用者に該当するとはいえません。次に、民法714条の監督義務者の責任を親に追及する方法が考えられます。監督義務者として責任を負うかどうかは、親と子の同居の有無、経済的関係、自動車の購入費・維持費の負担、親の利用度などの諸事情を考慮して判断されます。ただ、この責任は、加害者本人に、自分の行為の結果、何らかの法律的な責任が生ずるということを判断するだけの能力がないことが条件で、判例によると10歳〜11歳程度までの子供が目安です。相手が18歳となると、この条件は満たされません。さらに、親が指導を怠っているとして親に直接不法行為責任を追及する方法もありますが、親元から離れて生活している大学生なので、それも難しいでしょう。親に会って損害賠償債務の保証人になってもらえれば、親は責任を負うことになります。

Question 5

従業員が事故を起こした場合、会社は責任を負うのでしょうか。従業員が個人の車を営業で使っていた場合はどうなるのでしょうか。

Answer 会社は、使用者としての責任を負います。従業員個人の車の場合でも、日常的に仕事のために使っている車で、仕事の最中に事故を起こしたのなら、運行供用者責任が認められます。

　通常の交通事故であれば、運転者だけが責任を負うことになります。しかし、会社の従業員が仕事中に事故を起こした場合は、民法が規定する使用者責任により、会社も責任を負うことになります。使用者責任とは、ある事業のために他人を使用する者（使用者）は、従業員（被用者）が仕事中に第三者に加えた損害を賠償しなければならないというものです。なお、使用者に代わって実際の仕事の現場で監督を行う者（代理監督者）も同じ責任を負うことがあります。被害者にとっても、資力が不十分な可能性のある運転者にのみ責任を認めるよりも、ある程度の資力を持つ会社にも責任を認めた方が安心でしょう。事故が、仕事中に発生したかどうかは、外形的・客観的に判断されます。たとえ、従業員が私用で運転していたとしても、社名などが書かれた会社所有の車に乗っていたのであれば、客観的には仕事中だと判断されるため、使用者責任が問われることもあります。

　なお、使用者責任を追及され、会社が被害者に損害賠償をした場合は、請求額の一部を被用者に請求することができます。

●従業員が個人の車を営業で使っていた場合

　では、仕事の最中に、被用者が自分の所有車で事故を起こした場合はどうでしょうか。この場合でも会社は、自賠法が規定する運行供用者として責任を負うことになります。運行供用者とは、所有者ではないが、自分のために自動車を利用する者のことを指します。このケースでは、会社は事故を起こした車の所有者ではありませんし、車を借りているというわけでもありません。しかし、会社がガソリン代などの経費を負担し、従業員がその車で営業を行うことで会社に利益が生まれていたのであれば、運行供用者として責任を負わなければなりません。たとえ、従業員の自家用車であっても、それを日常的に営業に利用しており、事故発生時も仕事の最中であったのであれば、会社にも損害賠償責任が認められるのです。

　なお、事故を起こした車が会社所有であった場合でも、使用者責任追及のための立証が難しい場合は、この運行供用者責任に基づいて損害賠償請求をすることがあります。

■ **使用者責任の追及**

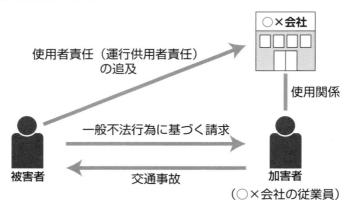

下請会社の従業員が事故を起こした場合、元請会社に責任はあるのでしょうか。

親会社は使用者責任の他、運行供用者としての責任を負うことがあります。

　たとえば、子会社Y社の従業員が親会社の名義で購入したトラックで人身事故を起こしたという事例で考えてみましょう。諸費用をはじめとする購入代金や割賦代金は、すべてY社が支払っていますが、親会社にも事故の責任はあるのでしょうか。

　Y社が親会社名義でトラックを購入したということは、対外的にみれば、親会社はY社に対して指揮監督権限をもっているものと判断されます。したがって、Y社の事故について、親会社（元請会社）は責任を免れません。下請会社に対して元請会社の指揮監督権限があると認められる場合、下請会社の従業員は元請会社の従業員と同様に扱われます。つまり、下請会社の従業員が起こした交通事故についても、元請会社には使用者責任が認められます。また、下請会社の従業員に対して間接的に指揮監督権が認められるにすぎない場合であっても、元請会社に使用者責任を認める判例が出ています。

　さらに自賠法は運行供用者の損害賠償責任を認めていますから、運行利益を得ている元請会社には運行供用者としての責任が認められ、下請会社の従業員の起こした事故について損害賠償責任が認められやすくなっています。

貸した車や名義を貸した車で事故が発生した場合、誰が責任を負うのでしょうか。

運転者が不法行為の責任を負いますが、車を貸した人、名義を貸した人も、運行供用者として責任を負うことがあります。

交通事故で他人に損害を与えれば、民法上の不法行為にあたる可能性があります。つまり、運転者は、故意（わざと）または過失（不注意で）により他人の権利を侵害した場合、民法上の不法行為責任を負います。

一方、自動車損害賠償保障法（自賠法）は、運行供用者（自動車を自分のために自分の支配の下で使うことができる状況にあって、自動車を運行することが自分の利益となる者）は損害賠償責任を負うと規定し（自賠法3条）、運転者に限らずその他の運行供用者にも交通事故による損害賠償の責任を負わせています（運行供用者責任）。

自動車を一時的に友人に貸しただけというような場合でも車をもっぱら友人のためだけに使わせるというような特別の事情がない限り、貸した人は運行供用者にあたります。

では、名義を貸した場合はどうでしょうか。同じ現場で資材の運搬などをしてもらっている下請の運送会社A社の税金対策のため、A社が新規に導入する車両について、B社が名義人になったものの、その車両で人身事故が発生したという事例で考えてみましょう。この場合には、名義を貸したB社も自己の賠償責任を負

うものなのでしょうか。

　名義を貸して、自社の資材の運搬に協力してもらっていれば、交通事故の責任を負うこともあります。自動車の名義人となって、その自動車を利用して仕事を手伝ってもらっているのであれば、自動車を運行することで利益を得ているので、運行供用者に該当し、被害者に対して責任を負うことになります。名義を貸したB社は、同じ現場で資材を一緒に運搬してもらうなど、A社の世話になっています。B社は運行供用者に該当するとして、損害賠償責任を負うことになる可能性が高いといえます。

　運行供用者が責任を免れるためには、①自己または運転者が十分な注意義務を尽くしたこと、②被害者または第三者に故意・過失のあったこと、③自動車に構造上の欠陥または機能上の障害のなかったこと、の３点すべてについて立証しなければなりません。この立証は困難で、無過失責任に近い責任を加害者側に負わせたものと言われています。

■ **運行供用者にあたる者**

○ 加害車両の所有者	→ 運行供用者にあたる
○ レンタカー業者	→ 運行供用者にあたる
○ 使用貸借の貸主	→ 運行供用者にあたる
○ 代車提供者	→ 運行供用者にあたる
○ 車を盗まれてしまった所有者	→ 原則として運行供用者ではない
○ 無断運転された車の所有者	→ 原則として運行供用者にあたる
○ 代行運転の依頼者	→ 運行供用者にあたる
○ リース会社 （所有権留保特約付売買の売主）	→ 運行供用者ではない
○ 自動車修理業者	→ 原則として運行供用者にあたる
○ 請負人が起こした事故の注文者	→ 原則として運行供用者ではない

加害者が複数いる場合、誰にどれだけの損害賠償責任を追及できるのでしょうか。

加害者が連帯して被害者の損害の全部を賠償することもあります。

　何人かの不法行為によって他人に損害を与えたとき、各自が連帯してその賠償の責任を負うことがあります。これを共同不法行為といいます。共同不法行為が認められると、共同行為者の各自が連帯して被害者の損害の全部を賠償する責任を負うことになります。交通事故で共同不法行為が問題となるケースには、次のような場合が考えられます。

　①複数の車両による単一事故で、複数車両が関与して単一の事故を発生させ、第三者に損害を与える場合です。

　次に、②運転者と同時に車両の所有者や運転者の使用者にも責任が発生する場合です。

　さらに、③複数車両が別々に加害行為を行う場合があります。①～③のような場合、複数車両のそれぞれの加害行為が、時間的・場所的に接近していて、ほぼ同一の機会に生じた一個の事故として認められるような場合は、共同不法行為が成立します。

　その他、連鎖的な二重追突や二重衝突、二重轢過（二重にひいた場合）などのように、被害者が第一事故の結果、第二事故を避けることができなかったと認められる場合などがあります。

 傷害事故の積極損害とはどんな場合なのでしょうか。

 ケガの治療にかかった費用の他、教育費なども積極損害として認められます。

　交通事故の被害者が加害者に対して請求できるものは、①実際に支出した治療費など（積極損害）、②仕事を休んだための休業補償や障害が残ったときの逸失利益（消極損害）、③精神的な苦痛に対する慰謝料、④弁護士報酬（裁判で損害として認められた賠償額の１割程度）の４つです。

　積極損害として請求できる治療関係の費用としては図（54ページ）のようなものがあります。担当医への謝礼も一定の限度で積極損害として認められることがあります。

　その他の積極損害として、治療などのために子供を知人や保育施設に預けた場合にかかった委託費用、家事や育児のために家政婦などを雇った場合の費用、治療のために学校を休んで学習に遅れが生じたため、家庭教師を雇った場合の費用、文書料（医師の診断書、交通事故証明書、印鑑証明などを作成するための費用）も請求することができる場合があります。また、家屋の出入口、階段、風呂場、トイレなどをバリアフリーへと改造する費用、ベッドやイスなどの備付または購入費、自動車などの改造費、破損した衣服の購入費、子供の保育費または学習費（被害者のケガの程度、内容、年齢、家庭の状況などに照らして必要性が認められるとき）の実費を請求することができます。

■ 傷害事故の積極損害として認められる主な費用

救護費	事故発生直後にかかる費用で、救助捜索費、事故現場での応急処置費用、病院までの救急搬送費など救護に支払った費用
治療費	診察料・検査料・入院料など症状固定の時までの治療にかかった費用。入院中の食費も含まれる
入院(特別)室料	その病院の通常の平均的な室料を基準に請求金額を算出。治療の必要性から特別室(個室)を使用した場合には必要経費として特別室料を請求可
入院雑費	洗面具などの日常雑貨品費、乳製品や果物などの栄養補給費、電話代・切手代などの通信費、新聞代・テレビ視聴費などの文化費、家族の通院交通費など。1日につき1400〜1600円(自賠責基準では1100円)
付添看護料	看護師などを雇った場合は実費を請求。親族が付き添った場合は、1日につき一定の額5500〜7000円(自賠責基準では4100円)
通院交通費	転院費や退院費も含め、電車、バス、必要なときのタクシー代などの交通費は実費請求可
通院付添費	1人での通院が困難で、付添いを頼んだ場合の費用。1日につき3000〜4000円(自賠責基準では2050円)
通院雑費	通院交通費、通院付添費以外に支出した費用があれば請求可
温泉療養費	治療のため医師の指示で温泉療養を行った場合は請求可
マッサージなどの費用	医師の指示があったとき、または、医師などが治療上の効果を認めたときは、マッサージ・針灸などの施療費についても請求可
将来の治療費	将来的に支出が確実な治療費は請求可(医師の診断書が必要)
義肢などの費用	義足や義歯、車椅子などの費用も請求可

※ 傷害事故の積極損害に関するその他の注意点は以下の通り。
・積極損害として認められるのは必要かつ相当な範囲の費用に限られる
・過剰な診療や必要以上に丁寧な治療をする「贅沢診療」を施したためにかかった費用は積極損害として認められない
・通院中に飲んだ栄養ドリンク剤の費用も傷害事故について必要な費用とは認められない

事故によるケガが原因で休業したのですが、損害額はどのように算出するのでしょうか。

被害者の職業によって算出の仕方が異なります。

　傷害事故の場合、病院に入院または通院することになりますが、仕事を休んだことによって減った収入のことを休業損害といいます。休業損害とは、得られるはずであったにも関わらず得られなくなった収入のことであり、消極損害の代表的な一例です。

　具体的な計算方法としては、まず事故前の3か月間の収入を合計します。合計額を90で割り、1日あたりの収入額を算出します。この1日あたりの収入額に休業した日数を乗じて休業損害額を求めます。被害者が会社員などの場合は、計算は比較的簡単です。

　一方、自営業者の場合は前年度の申告所得額を基準にして1日あたりの収入額を算出します。「休業した日数」には入院日数だけではなく通院した日数が含まれることもありますが、原則通院期間の証明には「休業を要する」という内容の医師の診断書が必要になります。もっとも、減少した収入額について、常にその全額が請求できるわけではありません。たとえば、事故当時に被害者が勤務中であったため労災が認定されて給与の6割が補償された場合は、残りの4割しか請求できません。また、入院・通院中でも勤め先から給与が支給されていた場合は、その分を請求することはできません。なお、有給休暇を利用して入院・通院した場合は、収入が減少していなくても休業損害と認められます。

交通事故に遭い、しばらく家事ができなかったのですが、専業主婦や失業している無職者は休業損害をもらえませんか。

専業主婦や無職者も休業損害をもらえる可能性があります。

　仕事をしている者であれば、交通事故に遭って働くことができなくなったために失った収入の額を損害額として加害者に損害賠償請求ができます。これに対して、専業主婦が交通事故に遭った場合、専業主婦は仕事をしていないため、収入を基準として損害額を算定することはできません。しかし、専業主婦の家事労働も社会の中で金銭的に評価することは可能です。そのため、専業主婦が交通事故に遭った場合であっても、家事ができなくなったことを理由として加害者に対して損害賠償請求ができます。具体的には、賃金センサスで定められている、産業計・企業規模計・学歴計・女性労働者の全年齢の平均賃金を基準として、損害額を算定します。たとえば、交通事故により入院している間は家事ができないので、その期間中の損害額が女性の平均賃金を参考に算定されます。

　また、交通事故に遭った時点で無職であった者についても、労働能力や労働意欲があれば、原則として働けなかったことで失ってしまった収入分の損害賠償請求が認められます。逆に、労働意欲が全くないために仕事に就いていない者については、収入分の損害賠償が認められない可能性が高いといえます。被害者が無職の場合、原則として一般人の平均賃金を基準に損害額を算定します。

 休業補償をする場合、相手方の税金分は控除してもらえますか。

 最高裁判所では税金分は控除しないという考え方です。

　被害者が給与所得者ではなく、自営業者などの場合は、収入を得た後に所得税などの税金を支払うので、その税金分まで賠償の対象となるのかが問題となります。というのも、賠償金は非課税なので、税金分まで賠償することはかえって被害者に有利になってしまうからです。特に、被害者が高額所得者の場合、その差が顕著になります。たとえば、年商500万円で年間経費が120万円の自営業者の場合、基礎控除や青色申告控除などを仮に140万円とすると所得税は16万4000円となります。一方で、年商1500万円で年間経費が360万円の場合では所得税額は154万2000円です。つまり所得税だけでも10倍ほどの差が見られます。

　「損害の公平な負担」という損害賠償制度の趣旨からは、実質的に見て、被害者が得られたであろう収入分だけ賠償がなされれば十分なので、税金の分は控除すべきではないかとも思われます。

　しかし、判例は、賠償金が非課税なのは「損害の公平な負担のため」ではなく、「交通事故の被害にあった者を救済する」という考え方に基づくので税金分は控除されないという考え方を採っています。もっともこの非控除説を貫くと時として不公平な結果をもたらすことも事実なので、実務上は生活費の控除率を上げるなど、バランスを欠かないよう配慮がなされています。

Question 13 交通事故で長期間入院・通院した場合、どの程度の慰謝料を受けることができるのでしょうか。

 入院・通院の期間によって額を算定するのが一般的です。

　ケガの影響で日常の生活も満足にできないというストレスは、事故に遭った人に影響を及ぼします。これは、金銭賠償に値する精神的な苦痛であるということができます。このため、交通事故の被害者は、事故によるケガの治療費や仕事を休むことによって生じる休業補償の他、入院・通院についての精神的苦痛に対する慰謝料も、損害賠償として加害者に請求することができます。

　ただ、治療費など医療機関から金額として請求される費用と異なり、精神的苦痛に対する慰謝料がいくらになるかは簡単に数値化できるものではありません。請求自体は個々の事情によって自由に行うことができますが、ある程度の算定基準が定まっていなければ、双方が受け入れられる額を決定するのにかなりの時間がかかってしまいます。そこで日弁連交通事故相談センターでは、交通事故による損害賠償額の算定基準を定めています。この基準では、通院期間と入院期間の長短に応じて損害賠償の額を算出します。たとえば、半年間入院し、その後半年間リハビリのために通院した場合、上記相談センターの基準を参考にすると、約180～340万円分の損害賠償額を慰謝料として請求できることになっています。

傷害事故についての慰謝料の出し方を教えて下さい。

被害者側と加害者側の双方の事情を総合的に考慮して算出しますが、「入・通院慰謝料表」も参考になります。

　交通事故の被害者になると、かなりの精神的苦痛を伴います。この苦痛を金銭に換算して補てんしようというのが慰謝料です。死亡事故や後遺症が残る事故など、どんな事故であっても精神的苦痛は発生しますが、傷害事故では、以下のような被害者側と加害者側の双方の事情を総合的に考慮して、慰謝料を算出します。

① **被害者側の事情**

ア　負傷した身体の部位及びその程度
イ　入院・通院期間など治癒にいたる経過
ウ　被害者の資産、収入、生活程度、家庭内の立場、扶養の関係
エ　年齢、性別、学歴、職業、既婚未婚の別、社会的地位など

② **加害者側の事情**

ア　速度違反、飲酒運転、無免許運転など不法行為の有無・程度
イ　謝罪や見舞いがあったとか、または示談交渉に誠意はあったかなど加害者の態度や姿勢

　これらの事情を総合的に考慮して慰謝料を算出することになります。なお、入院と通院における慰謝料を算出する基準を提示した資料として、日弁連交通事故相談センターの「入・通院慰謝料表」があります。慰謝料の算出が難しいときに参考にします。

 交通事故でケガをした際、自賠責保険や任意保険から支払われる慰謝料の額はどの程度になるのでしょうか。

 それぞれの保険で支払基準が定められています。

　示談交渉で、加害者側の保険会社が主張する慰謝料の金額は、原則として自賠責保険基準や任意保険基準によります。これらの基準は、日本弁護士連合会の「入・通院慰謝料表」よりも低いものであり、以下のようになっています。

① **自賠責保険の慰謝料**

　自賠責保険基準では傷害事故の慰謝料は、1日あたり4200円とされています。被害者の負傷の程度や状態、実際に治療に費やした日数などを考慮して、治療期間の範囲内の慰謝料の対象となる日数を決めます。

② **任意保険の慰謝料**

　以前は「自動車対人賠償保険支払基準」というものが設定されていましたが、保険自由化により廃止されました。現在、基準設定は各保険会社で個別に行われています。ただ、各社とも以前とほとんど変更していないようです。

　なお、自賠責保険の場合には治療期間が長期化しても1日あたり4200円で慰謝料を計算しました。これに対して、任意保険の場合には、治療期間が長期化すると徐々に賠償する慰謝料額を減額するシステムを採用している会社が多いようです。

被害者の近親者にも慰謝料請求が認められることはありますか。

被害者が死亡した場合や、死亡に匹敵するほどの重症や障害が生じた場合には近親者にも慰謝料請求が認められます。

交通事故によって被害者が死亡した場合には、遺族が加害者に慰謝料を請求する場面がよく見られます。この請求は法律的には民法711条に根拠があります。同条によると、他人の生命を侵害した者は、被害者の父母、配偶者と子に対して慰謝料を支払わなければなりません。これを近親者固有の慰謝料請求権と呼びます。

しかし、民法711条では、「他人の生命を侵害した」と記していますので、傷害事故の場合には近親者に慰謝料請求権は認められないようにも思われます。

というのも、交通事故による死亡は、近親者にとって家族を永遠に失うので、その精神的苦痛が甚大であることは間違いありません。しかし、傷害事故の場合は被害者自身の精神的苦痛は大きいものですが、それが近親者に及ぶとは考えにくいからです。

そこで判例は、生命侵害に匹敵する程の精神的苦痛を近親者が被ったときに限って、近親者に固有の慰謝料請求権が認められるとしました。ただし、これは民法711条ではなく709条、710条に基づく近親者固有の精神的苦痛による請求権です。たとえば、娘が顔に一生消えないほどの深いキズを負った場合の両親など、被害者に相当の重傷や重度の障害が生じた場合がこれにあたります。

Question 17 事故によるケガが原因で後遺症が残った場合、どの程度の損害賠償請求ができるのでしょうか。

 賠償額は労働能力喪失率と喪失期間で決まります。

　交通事故による人損は、命まで失わなかったとしても、一時的な被害にとどまらない場合があります。それが、後遺症が残った場合です。後遺症とは、傷害を受けた結果、傷の治療が終わっても、障害が残るものをいいます。代表的なものはむち打ち症ですが、他に失明したり、手や指または足などを切断する場合があります。治療を施せば完治する単なる傷害と異なり、後遺症が残ると今後の人生設計・社会生活に大きな支障をきたします。したがって、後遺症によって生じる損害については、交通事故によって被った傷害についての損害とは別に、加害者に損害賠償の請求ができます（63ページ図参照）。

　そのため、自賠責保険の保険金額算定においても傷害と後遺障害を分けて考えることになります。ですから、損害賠償を請求する場合には両者を区別して算定します。後遺症があるとき、または後遺症が出そうなときは、後遺障害等級の認定が出るまでは示談交渉には入らない方がよいでしょう。後遺障害の程度によって、損害賠償額がさらに高額になる可能性があるからです。

　最高裁判所も、交通事故で負傷し、損害賠償を求める訴訟を提起して加害者に対する損害賠償を認める判決を得たが、その後に予想外の後遺症が発生し、重度の障害が残って治療費がかかった

ケースについて、「予想できなかったような後遺症が生じた場合は、当初の損害に対する判決確定後の治療費についても損害賠償を請求できる」という立場をとっています。

●傷害についての賠償とは別に賠償請求する

　人身事故で身体に受けた損害は、症状が固定するまでの傷害と、症状が固定してこれ以上治療を続けても症状の改善が望めない状態である後遺症（後遺障害）に分けられます。後遺症に対する損害には、積極損害、逸失利益（後遺障害逸失利益）、慰謝料があります。症状固定後の治療費とは原則として認められません。ただし、重度の後遺症が残った場合など、症状固定後も治療を施さないと症状が悪化する可能性がある場合には、症状固定後の治療費も積極損害として認められます。

　なお、逸失利益は、後遺症が残ったことによって本来獲得できたはずの収入が減少する場合に請求できるものです。むち打ち症が残ったために長時間の労働に耐えられなくなった場合や、片手を失ったために自動車の運転手ができなくなったような場合がこれにあたります。慰謝料は、後遺症が残ったことから受ける精神的苦痛に対する賠償です。

■ 後遺障害と関係する損害の分類

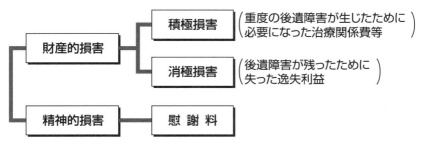

Question 18 むちうち症の場合の損害賠償請求について教えて下さい。

 むち打ち症は自覚症状を根拠に診断するため、損害賠償額にかかる治療期間や後遺症などの認定が難しい場合があります。

　むち打ち症は、医者によって、「外傷性頚部症候群」または「頚部捻挫」という呼び方で診断されます。

　ほとんどの場合、被害者の自覚症状を根拠に診断せざるを得ないのが現状です。自覚症状としては、頭痛・肩こり・耳鳴り・しびれ・倦怠感・吐き気など様々です。一般に、専門医でも決定的な診断を下すことが難しいといわれています。

　後遺症としてむち打ち症を発症している場合、むち打ち症は神経症状が強く、治療が長期になりやすいので、入院や通院のために仕事を休んだことに対する休業補償が多額にわたることもあります。また、むち打ち症のために労働能力が落ちたことによる逸失利益は、特有の等級をつけて算定されます。しかし、実際問題として後遺症についての等級認定はなかなか認められないという現状があります。

　さらに、本人の性格、回復への意欲など諸般の事情から判断して、本来であればもっと短期間で完治していたという場合には、過失相殺の規定によって、損害賠償額が減額されることもあります。判例には、本人に回復の意欲がなく、自覚症状について虚偽や誇張があるとして、40％の過失相殺を命じたものもあります。

後遺症のため、今後は介護なしでは生活できません。介護料や慰謝料は請求できるのでしょうか。

介護が必要になった場合、付添のための費用や慰謝料を請求できます。

　後遺症が非常に重く第１級や第２級などに該当する場合は、「介護料」を請求することができます。介護を必要とする期間は、原則として被害者が死亡するまでです。

　具体的には、厚生労働省が公表している「簡易生命表」の平均余命を使用して死亡までの期間を算出します。介護費用については、介護のための付添人を雇う場合は原則として実費、近親者の付添人の場合は１日あたり8000円〜9000円が目安になります。なお、後遺症のために、階段に手すりをつけたり、バス、トイレ、玄関などをバリアフリーにするなど住居を改造する必要が生じた場合は、その改造に要する費用も請求できます。

　また、後遺症が残った場合は、それによって被った精神的苦痛について慰謝料を請求できます。金額の基準については、自賠責保険の基準よりも「弁護士会の後遺障害の慰謝料」を基準とする方が、被害者に有利です。さらに、被害者の障害が「重度後遺障害」の場合は、近親者（父母・配偶者・子）としての固有の慰謝料を請求できます。重度後遺障害とは、①両眼失明、②そしゃくと言語の機能（口の機能）の全廃、③その他身体の著しい障害（手、足の欠損など）などのことです。

事故の後、恐怖心で車に乗れなくなりました。その分の損害賠償を請求できますか。

PTSDを理由とした請求は慎重に行うことが必要です。

　PTSDとは、心的外傷後ストレス障害のことをいい、事件や事故により心に傷を負うことで生じる様々な疾患のことをいいます。たとえば、電車に乗っていて事故に遭い、身体のケガが治った後も恐怖心から電車に乗ると目まいや吐き気を起こすようになるといった症状が挙げられます。このような場合、通勤できなくなり仕事を辞めるなど、日常生活に支障をきたすこともあります。訴訟でも、被害者にPTSDが残ったと認定して、PTSDについての損害賠償をするよう加害者に命じた判決が出ています。

　しかし、訴訟になった場合、多くの判決がPTSDを原因とする損害賠償を否定しています。まず、PTSDにかかっていることを証明することが難しく、多くの訴訟で被害者のPTSDの発症自体が認定されていません。また、実際にPTSDの発症が裁判所で認定されたとしても、それが被害者の生活にどのような影響を与え、被害者がどの程度の損害を被っているかを証明することも容易ではありません。さらに、PTSDは時間の経過と共に治癒する可能性があり、それを理由として加害者は損害賠償額を低く抑えるように主張します。

　このように、PTSDを原因とする損害賠償請求には困難が伴うので、専門家のアドバイスをもとに行動することが必要です。

 男性と女性で後遺障害の程度が異なることはあるのでしょうか。

 風貌の悪化については女性の方が損害が大きいと判定されます。

　夫婦で同じ車に乗っていて一緒に事故に遭い、顔面に同じような傷を負った場合、通常は妻である女性の方が損害賠償額が大きくなります。男性よりも女性の方が、見た目が悪くなってしまうことで受ける不利益が大きいと考えられているためです。顔に傷を受けることによる収入への影響も、男性よりも女性の方が大きいとされています。たとえば、女性が女優業やファッションモデルを仕事としているのであれば、顔に傷を受けることで収入が大幅に減ると予想されます。また、接客が多い仕事であれば、女優ほどではなくても顔に傷があることで仕事に支障が出てしまう可能性が高いといえます。そのため、顔の傷の影響によって減った収入額分を、加害者は賠償する必要があります。

　これに対して、男性も職業が俳優であったり、接客が多い仕事であれば、仕事に支障が出る可能性がありますが、女性ほど大きな影響はないと考えられており、損害賠償額は女性と比較して低くなります。

　また、慰謝料の額も、被害者が男性の場合の方が女性の場合よりも低くなる可能性が高いといえます。男性よりも女性の方が、顔の傷が原因となって受ける精神的苦痛の程度が大きいと考えられているためです。

死亡事故では積極損害としてどんな費用を請求できるのでしょうか。

死亡までの医療関係費や葬儀関係費を請求することができます。

　交通事故がもたらす被害の中でも最も深刻なのが、死亡事故です。死亡事故によって生じる損害は、①積極損害と、②逸失利益、③慰謝料です（69ページ図参照）。死亡事故の積極損害とは、具体的には@死亡までの医療関係費、⑥葬儀関係費、ⓒ交通費などの雑費です。以下、それぞれの具体的な内容を見ていきましょう。

●死亡するまでに払った費用

　同じ交通事故死であっても、死亡までの経緯によって、遺族が加害者に請求できる損害賠償の内容に違いが生じてきます。

　交通事故が原因で死亡した経緯は、2つのパターンに分けることができます。1つは即死の場合で、もう1つは、手術や治療を試みたものの死亡した場合です。即死の場合であれば、運ばれた病院で生命活動が本当に停止したか確認することになるのでその際かかる費用が医療関係費になります。一方、入院して治療行為を受けた後に死亡したという場合、死亡に至るまでの傷害に対しての損害賠償額を計算することになります。つまり、治療費（手術代を含む）、入院費、付添看護をした場合には付添看護費、入院雑費、交通費など、実際に支出した費用の他、休業損害や慰謝料についても、即死の場合の損害賠償額に加算して請求することができます。

●葬儀費用などの諸費用

　最近では、葬儀にかかる費用も一種の損害とみなして加害者に対する請求が認められています。葬儀費用とみなされる範囲ですが、まず、病院からの死体運搬費があります。また、火葬費、葬儀業者に支払った費用、自動車代、僧侶へのお布施などが葬儀費用に含まれます。ただ、香典返しについては、弔問客から受けた贈与へのお返しであり損害にはあたらず、加害者には請求できませんし、弔問客接待費についても請求できません。なお、初7日や49日での読経料、回向料などの法要費は葬儀費用に含まれます。仏壇購入費やお墓の設置費用については、葬儀費用に若干加算されるケースや一部を別途認めるケースはあります。

　葬儀費用についても定額化されてきており、裁判所では130～170万円程度の認定がなされることが多いようです。もちろん葬儀といっても様々なケースがあり、具体的な事例によって認められる金額は異なってきます。実際の支払いについては自賠責基準では葬儀費は60～100万円とされているため、それを超える費用については、加害者は任意保険または自分の費用で支払うことになります。

■ 死亡事故によって生じる損害の分類

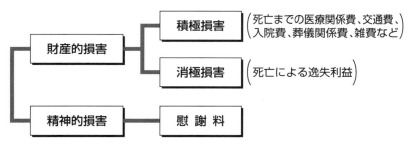

死亡逸失利益の算出にあたって被害者の年収はどのように証明するのでしょうか。

職種によって賃金センサスなどを参考に算出します。

　死亡逸失利益とは、被害者が事故にあわずに生き続けていた場合に、67歳になるまでの間（就労可能年数）に取得したと推測される利益（収入）のことをいいます。この67歳という年齢は、裁判所や保険会社が一般の人が働いていられる年齢の上限として認めているものです。被害者の推測される収入の証明は、損害賠償請求をする相続人がしなければなりません。逸失利益の算定にあたっては、まずは被害者の年収を割り出します。被害者の年収の算定方法については、被害者の実際の年収を基礎として割り出す方法と、統計による平均的年収を基礎として割り出す方法があります。被害者によって従事していた職業も様々ですから、職種に応じて算定の方法が異なってきます。

① **公務員や会社員の場合**

　公務員や会社員の場合は、収入が比較的安定しておりかつ客観的な証明も可能なので、算出は容易です。被害者の勤務先の発行する源泉徴収票や休業損害証明書などで証明することになります。

　退職金については、定年まで勤務すれば得られたであろう退職金額との差額を逸失利益として請求します。ただ、中間利息は控除することになります。定年退職後の収入については、退職時の収入の一定割合（50％～70％）を基礎にして算出したり、67歳

までの賃金センサス（政府統計の総合窓口『賃金構造基本統計調査』）によって算出します。

② **自営業者や自由業の場合**

被害者が自営業者の場合は前年度の確定申告額が算出の根拠となります。ただ、実際には税務署への申告額以上の所得があった場合は、相続人が帳簿や領収書などを使ってそれを証明することになります。この点が、給与所得者と違って難しいところです。

③ **農漁業従事者の場合**

農漁業従事者は、前年度の確定申告額によって証明します。

なお、農業従事者による農業所得の申告は、「収支計算」によって行います。収支計算は、実際の収入金額から必要経費を差し引いて所得を算出する方法です。また、漁業従事者が確定申告をしていない場合などには、帳簿など収入を証明する書類があればそれを証拠としますが、そのような書類がないときは、漁業組合や網元の証明書などによって所得を証明することになります。

④ **専業主婦の場合**

女性労働者の賃金センサスによる「学歴計平均給与額」を使用して算出します。

■ 逸失利益を算定する場合の流れ

```
死亡した被害者の年収を算出
          ▼
被害者の年間消費支出額(定型化されている)を算出
          ▼
年収から年間消費支出額を差し引いて年間純利益を算出
          ▼
被害者の就労可能年数(67歳になるまでの年数)を算出
          ▼
年間純利益に就労可能年数を掛ける(ライプニッツ式計算法により中間利息を差し引く)
```

67歳までの収入をそのまま逸失利益として請求できるのでしょうか。

被害者の生活費分や中間利息を控除し、死亡逸失利益を算出します。

　被害者が生存していたとしても、生活のために収入の一部を消費しているはずですから、70〜71ページの基準に沿って算出した年収から被害者の年間消費支出額を差し引き、年間純利益を算出します。生活費の控除額については、日弁連交通事故相談センターの「民事交通事故訴訟損害賠償額算定基準」では、①一家の支柱（男児を含む）については30〜40％、②女子（女児、主婦を含む）については30％、③男子独身者については50％、とされています。この年間純利益に就労可能年数（死亡時の年齢から67歳までの年数）を掛けます。なお、就労可能年数について、被害者の年齢が67歳以上の場合や67歳に近い場合（54歳以上の者）は平均余命の２分の１とし、幼児や未成年者の場合は、18歳から67歳までの49年間とします。

　もっとも、将来の収入を損害賠償金として一度に受け取ることになる結果、受取人は多額の金銭を運用することで利息を得ることが可能になります。この運用分の利息（中間利息）は控除しなければ不公平です。控除方法には「ホフマン式」「ライプニッツ式」といった方法がありますが、裁判所では、ライプニッツ式という計算方法（死亡年齢に該当する係数を掛ける）により、複利計算で年利５％分を利子分として控除することが多いようです。

死亡事故の損害賠償金は、どのように相続するのでしょうか。過失相殺についても教えて下さい。

相続分は法定相続分に従います。また、過失割合について遺族では反論材料が集めにくいことに注意が必要です。

死亡事故が発生した場合の損害賠償請求は、死亡した被害者が受けたと考えられる精神的苦痛に対する慰謝料と被害者が生きていれば得られていたはずの逸失利益の補償金（所得の補償金など）の請求を遺族が相続して行うものです。

相続人が複数のときは損害賠償金が法定相続分に従って受け取れます。たとえば、被害者に妻と子供2人がいる場合は、賠償額の2分の1を妻が、4分の1を2人の子供がそれぞれ受け取ることができます。しかし、相続人の示談方針が違い、示談成立が進まずに損害賠償金を受領することが遅れる場合があります。この場合、訴訟提起をして自己の相続分のみを請求することになります。

また、交通事故では多くのケースで多かれ少なかれ過失相殺がなされます。死亡事故の場合、損害賠償の金額は多額になるので、過失相殺が5％程度上下するだけで、やりとりされる金額がかなり異なります。ですから、被害者の相続人としては、加害者側が主張する過失相殺に対して十分な反論ができるようにしておかなければなりません。ただ、本人である被害者は既に死亡しているため、反論の根拠となる証拠も収集しづらいことは確かです。目撃者の協力を得るなど入念な準備をしておきましょう。

夫が交通事故で死亡しました。損害賠償額はどの程度になりますか。

夫と妻それぞれの慰謝料と夫が得たであろう収入が請求できます。

　夫が交通事故で死亡した場合に、損害賠償として請求できるのは、慰謝料とご主人の死亡によって失われた収入、つまり逸失利益です。まず、慰謝料請求についてですが、日弁連の算定基準によると、ご主人の死亡によって生じるご主人本人に対する慰謝料と、残された遺族に対する慰謝料とを合算して、総額2800万円程度の請求が可能です（75～76ページ）。次に、ご主人の死亡による逸失利益ですが、これはご主人を相続した遺族（相続人）が、被害者本人であるご主人に代わって損害賠償請求できます。また、葬儀費用も損害額として認められます。逸失利益の計算方法については、以下のような計算式で算定します。

　死亡逸失利益＝（死亡当時の年収－本人の年間生活費）×就労可能年数に対応した係数
　具体例として、40歳で交通事故によって死亡した場合、年収が1000万円で年間の生活費が400万円であった場合、
　（1000万円－400万円）×14.643（就労可能年数に対応した係数）＝8785.8万円

　結局、8785.8万円が損害賠償の額となります。

死亡に対する慰謝料はどのようにして算定するのでしょうか。

強制保険（自賠責保険）と任意保険で算定方法がそれぞれ定められています。

　慰謝料とは、被害者が事故により被った精神的苦痛を金銭に見積もって、損害として算出したものです。慰謝料の算出にあたっては、人によって見解の違いが生じやすく、争いの元になりやすいものです。そこで、公平な損害賠償を実現するために、慰謝料を客観的に計算できるよう定額化するようになりました。

　日弁連交通事故相談センターでは「交通事故損害額算定基準」を設定しています。この基準で提示されているのは、死亡者1名あたりについての金額で、死亡した者の年齢、家族構成などにより異なった金額を定めています。

① 死亡した者が一家の支柱の場合

　一家の支柱とは「被害者の家庭が主に被害者の収入で生活をしていること」です。慰謝料は2700〜3100万円となっています。

② 死亡した者が一家の支柱に準ずる者の場合

　一家の支柱に準ずる者とは、家事をする主婦や養育が必要な子供をもつ母親、また、独身者でも高齢な父母や幼い弟妹を扶養したりしている者などです。慰謝料は2400〜2700万円です。

③ それ以外の場合

　慰謝料は2000〜2400万円となります。

　慰謝料を請求できるのは被害者本人ですが、被害者が死亡した

場合、被害者本人の慰謝料請求権は相続人が相続します。たとえば、夫が交通事故で死亡して妻と子が遺されたとすると、夫の慰謝料請求権は妻と子にそれぞれ相続されるということです。

これとは別に、遺族自身にも固有の慰謝料請求権が認められています。事故で突然家族を失った遺族は、精神的にも経済的にも大きな苦痛を強いられます。このため、死亡した被害者の父母または配偶者、子は、自分自身の精神的苦痛を理由に慰謝料を請求できるわけです。上記の慰謝料の額は、被害者本人と遺族自身の慰謝料を含みます。

妊娠している妻が交通事故にあって胎児が流産または死産に至った場合に、妻（胎児の母）には慰謝料の請求権が認められます。夫（胎児の父）に慰謝料の請求が認められるかは判断が分かれていますが、裁判例では、妊婦の夫にも慰謝料請求権を認めたものがあります。

■ 死亡事故の損害賠償の範囲

①	積極損害	葬儀費用	130万円〜170万円程度（150万円程度）仏壇購入費や墓碑建立費を認めることもある
		その他	死亡するまでの医療関係費、治療費など付添看護費、入院雑費など
②	消極損害		逸失利益 ［(収入－生活費)× 就労可能年数に対応するライプニッツ係数］ 　収入……………………ボーナスも含める 　生活費…………………一定額が控除される 　就労可能年数………67歳までの年数 　中間利息の控除……ライプニッツ式による
③	慰謝料		・一家の支柱…………2700万円〜3100万円 ・母親（妻）の場合……2400万円〜2700万円 ・その他の者…………2000万円〜2400万円
④	過失相殺		被害者に過失があれば、過失割合に応じて減額される
⑤	弁護士費用		判決で認められた損害賠償額の10％前後

損害賠償額＝(積極損害①＋消極損害②＋慰謝料③)×(100－過失割合)／100
　　　　　＋弁護士費用④

物損事故とはどんな場合のことをいうのでしょうか。

人に死傷がなく車や建物など物のみに損害がある事故のことをいいます。

　物損事故とは、車や建物など物のみに損害がある事故のことです。物損事故には、自賠責保険は適用されません。加害者が任意で車両保険などの対物賠償保険に加入している場合には、その保険が適用されます。
　車両について損害として認められるのは、以下の場合です。
① **全損の場合**
　被害車両が修理不能な場合や修理が著しく困難な場合には、被害車両の事故当時の時価が損害として認められます。
② **修理が可能な場合**
　被害車両が修理可能な場合には適正な修理費が損害として認められます。
　被害車両の時価とは、事故当時のその車の取引価格のことです。
　事故車を修理した場合、車の評価額が下がるため、下取価額は大幅に下がります。これが評価損（格落ち損）です。評価損とは修理しても完全に原状回復できずに残る中古車市場における車両価格の減少分と考えておきましょう。評価損も損害として認められます。事故前の車の評価額から修理後の評価額を差し引いた額が、評価損となりますが、判例では修理費の1割〜3割程度を評価損として認めています。

 **物件損害にはどんなものがあるのでしょうか。代車使用料や車の買替費用も請求できるのでしょうか。**

 修理費、代車使用料、全損の場合は買替費用を請求できる場合があります。

　自動車そのものの損害については、修理費用を請求するのが原則です。通常、被害車両の評価額（時価）よりも修理費の方が安いのであれば、修理費用しか請求できません。しかし、修理によっても、車は完全に元に戻らず、走行に支障が生ずる場合は、完全な修理は不可能といえ、全損として車の買替費用を認めるのが相当だと考えられます。裁判所でも、車が大破し、修理をしても走行機能に欠陥が生じることが推測される場合に、車両の全損と見て買替費用の賠償請求を認めたものがあります。なお、修理により原状回復が可能な場合で、車の評価額より修理費用が高い場合も全損として扱われます。

　自動車の修理費用の他に、被害車両のレッカー代、一時的な保管料、回送費なども損害として認められます。買い替えが相当と判断される場合は、買い替えた車両の自動車取得税も損害として認められます。家の塀や壁が破損した場合は、その修理費を請求できます。店舗を破損したため、それにより店を休業せざるを得なくなった場合には、その休業損害も損害賠償請求の対象となります。

　また、被害車両の修理期間中、車を使用できなくなったため、レンタカーやタクシーなど、他から車を賃借した場合には、その

代車使用料が損害賠償の対象となる可能性があります。

　事故によって車両が被害を受けたために代車を使用する必要性が生じた場合、代車を借りるための費用が損害の一部として認められます。もっとも必要性があるかどうかということは問題になります。代車の必要性がなければ損害として認められません。自家用車の場合は、比較的必要性が認められにくいものです。ただ、日常的に通勤のために使用しているような場合であれば、自動車がなければ通勤が困難ということで必要性が認められることになります。当然のことながら被害車両を仕事で使用していた場合には、必要性が認められます。ただ、営業用車両が緑ナンバーの場合は、休車損害として扱われることもあります。なお、代車が認められる期間は、被害車両を修理する場合は、修理をするのに相当な期間です。買替えが認められた場合は、買替えに必要な期間が基準になります。代車の種類については、被害車両が高級外車の場合でも、国産の高級車で足りるとされています。

●**休車損害も損害に含まれる場合がある**
　タクシー、ハイヤー、バス、営業用貨物トラックなどの緑ナンバーの営業用車両が被害を被った場合は、自家用車の事故とは異なり、使用不能になった期間についてその車両を使用できていれば得られたであろう営業利益を損害としてとらえ、賠償請求できます。許認可との関係で代車が使用できない場合があるからです。これを休車損害といいます。ただ、被害車両の代わりの車両を使用するために代車使用料が支払われる場合は、この休車損害は認められないので注意して下さい。
　休車損害の算出方法ですが、まず、被害車両の1日あたりの営業収入を出します。そこから、その車が稼働しないことによって支払いを免れた燃料代、オイル代などの消耗品代などの経費を控除します。その残額に休車期間を乗じて算出することになります。

被害車両の損害はどのように判断するのでしょうか。物損事故でも慰謝料を請求できるのでしょうか。

事故当時の時価が算定基準になります。

　被害車両の損害額は、購入時の価格ではなく時価、つまり事故当時の取引価格です。この取引価格とは、被害者が被害車両と同じ車両を中古車として購入した場合を想定した価格です。同一の車両を購入するためにいくら支払うことになるかと考えて、加害者と被害者間の公平を図るわけです。具体的には、被害車両と同一の車種、年式や型式、同程度の使用状態や走行距離などの車両を中古車として買うために必要な金額になります。

●評価損（格落ち損）は損害に含まれる場合もある
　事故に遭った被害車両を修理しても、事故前に比べると中古車市場における評価額はどうしても減少します。この減少分を評価損または格落ち損といいますが、損害として認められるかどうかはケースによって判断されます。まず、修理後も修理技術上の限界から、燃費が悪くなったとか外観が悪くなったなど機能的または外観的欠陥が残った場合は、評価損は損害と認められます。
　次に、機能的または外観的欠陥が残っていなくても、事故車は一般的に敬遠されがちで、中古車としての下取り価格も低下します。ただ、この場合の評価損については、客観的に見て市場での価格が低下するのであれば、多くの裁判例がこの場合の評価損を損害として認めています。具体的な損害額については様々で、修

理費の10％から30％の範囲で認めたり、車種、年式、損傷の程度、修理費などを考慮して認定しています。なお、請求の際、日本自動車査定協会が発行する「事故減価額証明書」を利用し、その事故減価額を評価損として請求する方法もあります。

●物損では慰謝料請求しにくい

　物損事故でも、慰謝料が認められる余地はあります。物損で慰謝料が認められるためには、相手方に精神的打撃を加えることを目的とした場合や、その物が被害者にとって特別の価値を有するものである場合など、特別な事情の存在が必要であるとされています。一般的には、交通事故による物損では慰謝料の請求は難しいと考えた方がよいでしょう。

■ 物損事故の損害

①	修理費		原則として修理費実費。修理不能または修理費が被害車両の時価額を超える場合は時価額
②	評価損		修理しても、事故前に比べると車両価値が減少する場合、その減少分が評価損となる
③	代車使用料	代車使用料	事故によって修理または買替えが必要なため、代車を使用した場合はその使用料が認められる
		休車補償	営業用車両などで代替がきかない車両については、買替えまたは修理のために車両を使用できなかった期間に、車両を使用できたのであれば得ていたであろう純益を請求することができる
④	その他	着衣	事故当時着ていた服やメガネ（コンタクトレンズを含む）など
		雑費	被害車両の保管料、引き揚げ費用、査定費用、事故証明交付手数料、通信費など
		登録費用	車両の買替えに伴い必要となる廃車費用、新規登録費用、納車費用、車庫証明費用、自動車取得税など
		家屋修繕費	事故によって店舗などが破壊された場合はその店舗の修繕費。修繕に伴い店舗の営業に支障をきたす場合は、その分は営業損害（休業損害）となる
		積荷損害	被害車両に積んでいた商品や製品が滅失・毀損した場合はその損害額

損害賠償額の出し方　損害賠償額＝修理費①＋評価損②＋代車使用料③＋その他④

Question 31 示談後に後遺症が出る可能性もあるのですが、示談を進めてしまってよいのでしょうか。

 示談成立時に予測できなかった後遺症であれば、賠償請求することが可能です。

一般に、示談書には、「賠償金はいくらにするのか」「被害者は賠償金以外の請求をしない」といった条項を入れる場合が多いようです。これは、加害者が賠償金を支払った後も、後々まで金銭的請求をされる危険を防止するためです。

しかし、被害者としても、事故によるケガが治ったとしても、何年かしたら後遺症が発症することもあります。「示談当時にはそのような後遺症が発生するということを全く予想できなかった」という場合が絶対にないとはいい切れません。

後遺症が発症したにも関わらず、示談時に「賠償金以外は請求しない」という条項を入れたために、後遺症による損害賠償はできないとするのは、被害者にとっては過酷ではないかと考えられます。たとえば、示談成立から1年後に全く首が回らなくなってしまい、交通事故の後遺症だと医者が診断した場合などです。

そこで、示談当時に予測できなかった後遺症が発生した場合には、「被害者は賠償金以外の請求をしない」との条項に関わらず損害賠償できることが認められています。ただ、示談当時に取り決めた賠償金に後遺症分の賠償もすべて含まれていると解釈されるような場合は難しいといえます。

示談成立後に加害者が死亡してしまった場合、誰に損害賠償請求するのでしょうか。

相続人に対して損害賠償を請求できます。

　まず、加害者である本人と示談が成立している場合、損害賠償額が確定しており、損害賠償請求権が具体的に発生しています。
　そして、加害者がその後に死亡したとしても、加害者本人の死亡によって、損害賠償請求権が消滅してしまうわけではありません。人が死亡した場合、その時点で相続が開始されますが、借金といった債務、つまりマイナスの財産も相続の対象になります。
　このことから、損害賠償請求権、つまり加害者にとっての債務も死亡によって相続人に相続されます。それぞれの相続人への請求額については、原則として民法に法定相続分として規定されている比率に従って相続されます。
　たとえば、飲酒運転の自動車により重傷を負った者が、治療の終了後に、示談交渉し被害総額900万円の損害賠償を請求するケースで考えてみましょう。示談成立の直後、加害者本人が脳梗塞のため死亡しても、賠償額の900万円は確定しています。
　加害者の相続人が妻と子供3人の場合、法定相続分は妻2分の1、子供2分の1となります。子供は3人で2分の1の相続分を等分するので、妻に対し450万円、各子供に対し150万円ずつ請求できます。ただ、相続を放棄する者が出てきた場合、その者は除外して法定相続分を計算しますので、注意して下さい。

第2章 ● 交通事故をめぐるトラブルと損害賠償

 事故の被害者です。自賠責保険から治療費を支給してほしいのですが、請求は誰がするのでしょうか。

 運行供用者に該当する者が自賠責保険の請求を行います。

　自賠責保険は、本来は、被害者が受けた損害そのものを補うものではなく、被害者に対して損害賠償責任を負うことによって自動車の保有者と運転者（つまり加害者）が受けた損害を補うものです。保有者や運転者は、被害者に対する損害賠償額について自分が支払いをした限度において、保険会社に対して保険金の支払いを請求することができます。これは、加害者請求と呼ばれています。支払われた保険金が被害者に支払われずに他に流用されることを防ぐために、まずは加害者が損害賠償金を被害者に支払うのが原則になっているわけです。

　なお、自賠責保険は自動車を運転していた者に自賠法3条の運行供用者責任が認められる場合に支給されます。逆にいえば、運行供用者にあたらない場合には自賠責保険から保険金は支払われません。たとえば、盗んだ車で事故を起こした場合には、第三者に運転を容認していたとは認められないため、原則として車の所有者には運行供用者責任が発生せず、保険金は支給されません（もちろん、泥棒した運転者本人は責任を負います）。

　ただ、キーをつけたまま路上に車を停車していて盗難にあった場合のように所有者に車の管理上の問題があった場合は、車の所有者に運行供用者責任が発生しますので注意して下さい。

被害者も自賠責保険の請求ができると聞いたのですが、どんな手続きをすればよいのでしょうか。

仮渡金の請求方法についても知っておきましょう。

　自賠責保険の支払いを請求できるのは原則として、保険に加入している本人（加害者）です。これを加害者請求といいます。これに対して、たとえば、事故の過失割合について当事者間に争いがある場合や加害者が任意保険に加入していない場合には加害者が損害賠償金を支払ってくれないこともあります。このような場合には被害者から加害者の保険会社に対して損害賠償金の支払いを請求することができます。これを被害者請求といいます。

　被害者請求には、仮渡金請求と本請求の2つの請求方法があります。仮渡金請求は、示談成立前の損害賠償額が確定していない段階で、被害者が請求できるもので、本請求は実際に被った損害額をもとにして請求するものです。自賠責保険で支給される保険金は、損害賠償額として最低限の補償額であり、支給額の上限が決まっています。たとえば、後遺症が残った場合は最高3000万円（被害者に介護が必要になった場合などの一定の後遺障害の場合は4000万円）、負傷の場合は120万円などとなっています。

●仮渡金を請求する場合

　交通事故で負傷して入院した場合に、症状によっては入院期間が長期になることもあります。この間、収入がなかったり、あっても十分でなかったりすると、被害者側の生活としては苦しく

なってしまいます。加害者側も損害額が確定していない時点では、損害賠償の支払いはしないのが一般的です。

このような場合、自賠責保険の仮渡金の制度を利用するとよいでしょう。この制度は、損害賠償金の一部を先渡ししてもらえる制度です。死亡または一定程度の負傷をしたことの証明書があれば、損害賠償責任や損害額が確定していなくても、死亡した者につき290万円、傷害を受けた者につき5万円〜40万円の仮渡金の支払いを受けることができます。請求手続きは被害者請求の場合と同じです。請求後1週間程度で仮渡金を受け取ることができます。

■ **自賠責保険金の請求のしくみ**

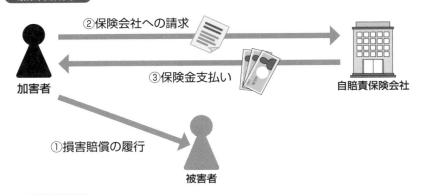

 交通事故に遭い、入院中で保険請求手続きができません。病院が私の代わりに直接保険会社に保険金を請求できますか。

 被害者からの委任状があれば病院が保険金を請求することができます。

　治療に時間がかかり、示談が成立していないとなると、被害者は長期にわたって収入を得られず、治療費にもこと欠くような事態に陥る可能性があります。そのような事態に備えて、自賠責保険の保険金について、被害者から直接請求できる制度が設けられています。この制度を使って保険金を請求する場合、治療にあたった病院から診療報酬明細書を発行してもらい、それを添えて保険会社に請求することになります。

　ただ、入院していて被害者本人が手続きできる状態ではないといった場合には、被害者の治療を継続するために、病院が被害者に代わって、直接自賠責保険から治療費の支払いを受けることができます。この場合、まず被害者から病院に保険金請求のための委任状を渡して、その後、病院から保険会社に保険金を請求するという手続きが必要になります。

　なお、自賠責保険の傷害に対する保険金は120万円が限度です。つまり、病院からの請求が120万円に至ると、自賠責保険からは保険金は支払われないということです。120万円を超える分については、加害者が別途任意保険に加入していれば、任意保険から賠償してもらうことになります。ですから、その点を十分に確認した上で、病院に委任するようにして下さい。

自分の他にも加害者がいる場合、賠償額の負担はどのようになるのでしょうか。

被害者に対しては全額支払う義務を負います。

　たとえば、車両同士の交通事故の場合で、どちらかの車の同乗者が死亡した場合を考えてみましょう。

　この場合、被害者の遺族は、被害者が死亡当時に同乗していた車両の運転者A（または所有者などの運行供用者）から損害賠償を受けることができます。それと同時に、事故の相手方の車両の運転者B側からも損害賠償を受けることができます。

　事故に対する責任の割合はAの方が重いというケースであっても被害者はAとBのそれぞれに被害額の全額を請求することができます。仮にAが被害者に全額賠償した場合、Bの負担分についてAがBに求償するということになるでしょう。このように加害者が複数いる場合、被害者は自賠責保険についてもAとBそれぞれの自賠責保険から支払いを受けることになります。

　もっとも、事故が生じた場合、常に自賠責保険金が支払われるとは限りません。自賠責保険は加害車両の保有者に運行供用者責任が発生する場合に支払われるしくみになっています。たとえば、泥棒運転者による事故で、車両の持ち主には車の管理について問題がなかった場合、加害車両の保有者である持ち主は運行供用者にあたらず、自賠責保険金も支払われません。自賠責保険と運行供用者責任が連動していることは知っておくとよいでしょう。

夫が運転する車が起こした事故が原因で助手席の妻がケガをした場合、妻は夫に対し損害賠償請求できるでしょうか。

被害者・加害者が家族間であっても保険金は支払われる可能性があります。

夫婦間や親子間における交通事故の後処理については、あくまで家族間の問題として解決すべきであって、保険金のやり取りはすべきではないというのも1つの考え方として成り立ちます。このため、保険会社は、以前は夫婦・親子などの家族共同生活の特殊性から、家族間の事故については保険金の支払いを拒絶するというのが通例でした。

しかし、自賠法の被害者救済という目的からすると、たとえ加害者と被害者が家族関係にあったとしても、被害者救済の必要性は変わらないはずです。たとえば、妻が運転する車両が事故を起こし、同乗していた主たる生計維持者の夫がケガをして働けなくなった場合、保険金による救済がなければ家族の生活が立ち行かなくなるといったことが考えられます。

そこで、最高裁判所の判例でも、家族間での自賠法の適用を一律に否定せず、具体的事実関係のもとで判断するべきであるとしています。家族であることや家族間の具体的事情は損害賠償額の算定にあたって考慮されます。つまり、妻（被害者）から夫（加害者）に対し、自賠責保険の保険会社に対して保険金を請求できる余地があります。

Question 38 加害者が未成年者で、盗難した車を運転していた場合、誰に損害賠償請求をすればよいのでしょうか。

親への損害賠償請求が可能な場合もありますが、保険金の請求は難しいでしょう。

たとえば、加害者が無免許の高校生で、他人の車を盗んで運転していた事例で考えてみましょう。この場合、被った損害は、不法行為によるものですから、民法709条に従って加害者に損害賠償を請求できます。ただ、相手が未成年者であれば、賠償できる資力に乏しい場合が多いようです。そこで、親への賠償請求が考えられます。つまり、親の監督が行き届かず、そのために事故が起きたということを証明できれば、賠償請求が可能になります。

次に、保険金を請求する方法を考えてみましょう。第1に、その自動車の所有者に対して、自賠法の運行供用者責任を追及する方法があります。盗難車の場合、所有者の車の管理に過失があり、盗難と事故が場所的にも時間的にも接近していることなどをあなたが証明しなければなりません。これは、かなり困難な作業です。第2に、高校生本人への運行供用者責任の追及ですが、盗難車なので、その車の自賠責保険も任意保険も適用されません。

最後に、自賠法による政府保障事業（ひき逃げや無保険車による事故などの場合に各種の社会保険制度によっても救済されない被害者に損害をてん補する制度）への請求という方法があります。政府保障事業の利用を検討する場合、損害保険会社に相談して、請求手続きをとるようにしましょう。

自賠責保険で足りない分を任意保険で補償すると言われたのですが、どんな補償を受けられるのでしょうか。

対人賠償と対物賠償を中心に補償を受けることができます。

　人身事故の場合、まずは自賠責保険がおります。この保険金で損害額がカバーできない場合にそれを補うのが任意保険です。
　任意保険が自賠責保険の「上乗せ保険」といわれるのはそのためです。人身事故の被害者は、まず強制保険金を請求し、損害賠償額がこれを超えるときに任意保険金から、それでも足りない場合は加害者から支払ってもらうことになります。
　任意保険の支払事由は、自賠責保険と異なり他人の生命や身体に限定されていません。そのため、任意保険では物損事故についても支払いの対象になります。
　任意保険では示談代行付きの自動車保険が多く利用されています。示談代行は、加害者に代わって、保険会社が被害者との示談交渉にあたるという制度です。第三者である保険会社が交渉にあたることによって、加害者の負担が軽減されます。
　示談代行サービスは強制保険にはない任意保険固有のサービスであり、保険会社・共済組合による示談代行が行われることになります。
　任意自動車保険は対人賠償責任保険と対物賠償責任保険を中心に、搭乗者傷害保険、自損事故保険、無保険車傷害保険、車両保険などによって構成されています。事故に備えるという意味では

必ず任意保険に加入するようにしましょう。ただ、任意保険は保険料の負担を伴いますので、任意保険料を安くする方法なども検討する必要があります。

なお、任意保険では、①加害者（被保険者）と被害者が一定の親族関係（父母、配偶者、子など）にある場合の事故、②他人からあずかっているものに対する賠償、③無免許、酒酔い運転中の事故、④故意・戦争・革命・内乱・地震などの天災・日本国外での事故、の場合には保険金が支給されないことがあります。

●対物賠償責任保険が適用される場合

対物賠償責任保険は他人の財産に与えた損害（物損）の損害賠償を目的とする保険です。たとえば、スピードの出しすぎでカーブを曲がりきれずに住宅に突っ込んで破壊してしまったというケースでは、損壊した住宅が支給対象となる物損にあたります。その他、ガードレールや電柱なども同じように物損事故の支給対象です。また、相手の自動車を破壊した場合などに自動車を修理するときにも対物賠償責任保険が適用されます。

■ 任意保険の保険料を安くするためのポイント

年　　齢	運転者の年齢がある程度までは年齢が高いほど保険料は割安になる
車　　種	一般的に排気量が大きいほど保険料は高くなる
安全装置	ABS(自動ブレーキシステム)、エアバッグがついていると保険料は安くなる
使用目的	営業車両は保険料が割高になる（使用頻度による）
走行距離	年間走行距離が短いほど保険料が安くなる
所有台数	２台目以降の車両の保険料は安くなる
運 転 歴	ゴールド免許は保険料が安くなる

Question 40
運転者が搭乗者傷害保険に加入していた場合、その保険金分は同乗者に対する損害賠償額から控除されるのでしょうか。

最高裁で保険金分は損害賠償額から控除されないという判断が下されています。

搭乗者傷害保険とは、契約車内に搭乗していたすべての人（正常な乗車位置に搭乗していた人のみ）を対象として適用される保険です。つまり、同乗していてケガをした被害者だけでなく、事故を起こした運転者も対象になるということです。

加害者の立場としては、せっかく搭乗者傷害保険から保険金が支給されるのだから、自己負担となる賠償金はできるだけ少なくしたいと考えるかもしれません。被害者が保険金の他に賠償金全額をもらえるとすれば、不公平になるからです。

しかし、近年、最高裁判所は、搭乗者傷害保険の保険金は損害賠償額から控除されないとする判断を下しました。保険契約者は自分の家族など身近な人間を乗せて事故を起こすケースが多いため、その搭乗者を特に保護しようと考え出されたのが、搭乗者傷害保険という保険です。したがって、できる限り搭乗者に有利な解釈をすべきだとするのが裁判所の考えです。ただ、慰謝料を算定する際には、搭乗者傷害保険の支払いがあったことを考慮して、慰謝料を減額できるとされています。この保険に加入する人は、万が一搭乗者を死亡させ、または傷害を負わせた場合には、慰謝料の一部に保険金をあてようと考えているのが一般的だからです。

 過失相殺とはどんな制度なのでしょうか。物損事故でも行われるのでしょうか。

 当事者間の不公平を調整する制度です。人損・物損を問わず過失相殺が行われます。

　交通事故では、加害者だけに事故の原因があるという場合は少なく、多くの事故は被害者側にも何らかの原因があります。
　そのため、事故のすべての損害賠償責任を加害者が負うとしたのでは、当事者の間に不公平が生じることになります。
　そこで民法722条2項は、「被害者に過失があったときは、裁判所は、これを考慮して、損害賠償の額を定めることができる」と定めています。これが過失相殺という制度です。過失相殺とは、被害者にも過失があって損害の発生や被害の拡大の一因になった場合に、損害額から被害者の過失に応じた額を差し引くことをいいます。
　たとえば、歩行者（被害者）が付近に横断歩道があるのに、横断歩道のない車道を渡っていて車にひかれた場合は、歩行者をひいた加害者だけでなく、付近に横断歩道があるにも関わらず別の場所を渡っていた被害者にも過失があります。この場合、交通事故の損害額が100万円だったとしましょう。そして、事故の発生について、加害者の過失が7割、被害者の過失が3割あると認められた場合、被害者が請求できる損害賠償額は、過失相殺によって100万円の7割である70万円に減額されます。過失相殺は人身事故、物損事故を問わずに行われます。

減額の対象となる過失とはどんなものなのでしょうか。

通常要求される程度の注意を払っていない場合をはじめ、それぞれの車両で一定ラインの過失が設定されています。

　交通事故が発生した場合、加害者が一方的に悪いわけではなく、被害者にも不注意な点や落ち度があることを過失といいます。被害者の過失が認められれば過失相殺の対象となります。

　被害者に道路にどんな危険があるか判断できる程度の能力があれば、過失相殺の対象となります。一方、加害者は車を運転するのに通常要求される程度の注意を十分に払っていれば、事故を避けることができたという場合に過失があるものと判断されます。

　過失には、ほとんどの事故に対して適用されるものがあり、これを重過失といいます。これは車両ごとの一定ライン程を超える過失をいいます。自動車の場合では「わき見運転」「電話や視聴しながらの運転」「酒気帯び運転」などです。バイクの場合では「ヘルメットをかぶっていない」「片手運転」などがあります。

　また、たとえば、青信号に従って交差点を法定速度の範囲内で進行していたにも関わらず、交差する車線側の赤信号を無視して交差点に進入してきた車と衝突した場合、道路交通法に従って運転していた側の過失責任は問われないこともあります。車を運転する人は道路交通法に従って運転するものだとお互いに信頼しているからです。これを信頼の原則といいます。

被害者側の過失とはどんな場合に認められるのでしょうか。

物事の良い悪いが判断できれば、被害者側についてもすべて過失が検討されます。

　まず、被害者であるにも関わらず過失が考慮されるのには民法722条2項に根拠があります。同条によると、「被害者に過失があったときは、裁判所は、これを考慮して、損害賠償の額を定めることができる」とあり、これが示談交渉においても前提とされます。

　たとえ不法行為であっても、公平の見地から加害者の被害者に対する損害賠償責任は、被害者の過失割合については免れさせるべきというわけです。

　被害者側の過失がどのような条件で考慮されるかですが、第一に被害者に事理弁識能力があるだけでよいとされています。事理弁識能力とは物事の良い悪いを判断する能力のことです。

　たとえば、5～6歳程度の子であれば、道路に飛び出したりすることが危険であるというのは判断できるでしょう。

　しかし、まだ2～3歳程度の幼児の場合、道路にどんな危険があるか判断できないのが普通です。このような場合、その子の親など、その子を監督すべき者の責任が問われます。そして、その子を監督すべき者の監督義務違反を被害者側の過失としてとらえ、過失相殺をすることになります。

　このように被害者側の過失が認められるかどうかは一概には判断できないため、ケースごとに判断することになります。

自転車事故には自賠法の適用がないと聞きましたが本当でしょうか。

自転車に対しては自賠法の適用がありません。

　交通事故というとまず自動車を思い浮かべる人も多いでしょう。しかし、近年は自転車の運転者が起こす事故も問題となっています。警察庁の統計「平成24年中の交通事故の発生状況」によると、自転車関連事故は13万件以上発生しており、内訳としては自動車との事故が最も多く発生していますが、対二輪車や自転車相互の事故、歩行者との事故も比較的多く発生しています。

　特に、歩行者との間では自転車が加害者になるケースがあることに気をつけなければなりません。自転車は、道路交通法上は原則として自動車と同じ規制を受けます。たとえば、歩道と車道が区別されている道路では、自転車は自動車と同様に車道の左側を通行する必要があります。

　しかし、自動車とは異なる規制を受けることもあります。たとえば、自転車は、車道を通行するのが危険な場合には歩道を通行することが認められています。このように自転車は、原則としては自動車と同じ規制を受けますが、完全に自動車と同じ規制を受けているわけではありません。

　また、自転車には自動車とは違う物理的な特徴があります。自転車は自動車に比べて低速で走行しますが、走行時に不安定な状態になりやすい乗り物です。運転自体も、自動車と比べて格段に

簡単であるという特性があります。さらに、自転車には自賠法の適用がないという点も見逃せません。自賠法の適用がないことで、自転車の加害者に経済力がないと、被害者に十分な賠償金が支払われないという問題が生じています。

●**自動車の場合とは異なる**

　自転車が事故を起こした場合と自動車が事故を起こした場合の違いは、被害者に対する損害賠償が確実になされるかどうかという点にあります。前述したように、自転車に対しては自賠法が適用されません。

　また、自転車は免許を受けなくても運転することができ、小中学生でも普通に走行することができます。しかし、小中学生が自転車事故を起こしたとしても、その小中学生自身に経済力はありません。そのため、被害者は、事故を起こした小中学生の保護者などに損害賠償請求をすることになります。自動車の場合は、免許を持った大人だけが加害者になるので、この点も自転車と自動車の違いといえます。

■ **自動車と比較した場合の自転車事故の主な特徴**

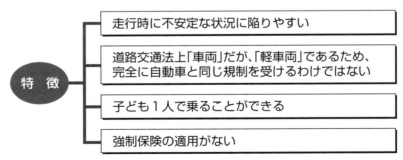

 **歩道を歩いていて自転車に追突され、ケガをしました。損害賠償を請求できますか。**

 損害賠償請求はできますが、被害者の過失で減額されることもあります。

　自動車による人身事故の場合、自賠法により、加害者側に重い立証責任が課せられていますが、自転車による事故のような一般の不法行為の場合は、被害者が加害者の過失を証明しなければ、損害賠償請求は認められません。しかし、加害者に過失があったことを証明するのはなかなか難しいのも現実です。
　たとえば、歩行者が後から追い抜こうとしてきた自動車もしくは自転車に追突されて転倒し、ケガをした場合を考えてみましょう。相手が自動車であれば、歩行者にケガをさせた時点で自動車が加害者、ケガをした歩行者が被害者という扱いになるのが一般的です。歩行者がふらついて自動車側に寄ったとしても、それを証明できる証拠を自動車側が示すことができなければ、歩行者の過失は認められず、必要な損害賠償額を受けとることができます。
　一方、相手が自転車の場合、事故の状況にもよりますが、歩行者が自転車の全面的な過失を証明できない限り、損害賠償額から歩行者の過失分を減額されることもあります。
　ところで、道路交通法では、自転車は軽車両に該当しますので、自転車を走行させるには、道路交通法に定められた交通方法で走行しなければなりません。したがって、まずは自転車が道路交通法に違反していなかったかどうかを判断してみることが大切です。

自転車事故の加害者の親や加害者の勤務先に損害賠償請求することは可能でしょうか。

親が子どもへの監督責任を怠っていた場合、従業員が勤務中であった場合は請求が可能です。

事故を起こした加害者が子どもである場合、子ども本人の責任能力の有無に関わらず、実際に支払いを行うのは親です。原則として親に請求することはできますが、親が子どもに対する監督を怠っていたことが原因で、その事故が発生したという場合に限られます。親が子どもに対して、交通ルールや自転車の乗り方などをきちんと教え、運転の際に同行するなどの配慮をしていたのであれば、監督を適切に行っていたといえますから、事故が発生しても、損害賠償請求はできません。

●加害者の勤務先への請求

加害者が仕事中に起こした事故であれば、その勤務先へも請求ができます。民法に規定されている使用者責任により、会社は従業員が勤務中に第三者に損害を与えた場合は、賠償責任を負うことになるからです。しかし、休日など、仕事とは全く関係のない時間に起こした事故であれば、会社は責任を負わないため、加害者の従業員にのみ損害賠償請求をすることになります。

なお、勤務中の事故である場合は、使用者である会社と事故を起こした従業員の両方に請求することも可能ですし、どちらか一方に請求することも可能です。

第3章

医療事故による
トラブルと損害賠償

医師が負う説明義務や守秘義務はどんなものでしょうか。説明義務・守秘義務違反を原因として損害賠償請求することは可能でしょうか。

医師は患者の病状等について説明しなければならず、また、むやみに患者の病状等の秘密を漏らしてはいけません。説明義務や守秘義務違反に基づき損害賠償請求をすることができます。

　ガンを患っている患者Aを例に考えてみましょう。医師Bは、①Aに許可を得ることなく、危険な手術に及び、その結果Aが死亡した場合や、②Aがガンであることを、A本人やAの家族に黙っていた場合に、医師Bに対して損害賠償請求をすることができるのでしょうか。

　一般に、医師は、患者に対して病状や治療方法などを説明する義務を負っています。この義務は説明義務と呼ばれています。医師の患者への説明義務には、患者の承諾を得るための説明義務と、療養方法の指導としての説明義務があるといわれています。

　患者の承諾を得るための説明義務とは、具体的な治療行為を前提に、たとえば手術を行う際の危険性・必要性・成功率等に関して説明することで、患者が自分の受ける医療行為の内容を理解することで、自己決定権を守ることが目的です。したがって、上記例①では、医師Bの行為は、Aの治療のためとはいえ、許可を得ることなく危険な手術に及び、結果としてAを死亡させているので、説明義務違反があるため、患者側はBに対して損害賠償請求をすることができると考えられます。

そして、療養方法の指導としての説明義務とは、患者の病状についての説明や、提供している薬の内容など、病状を改善するための治療方法についての説明などを医師が患者に行う義務をいいます。患者が自分の病状や治療内容を正確に把握することは、治療の成果にも影響が大きいため、この説明義務は医師法でも義務付けられています。上記例②では、医師Ｂは患者Ａ本人や家族にガンであることを説明していません。もっとも、患者Ａについては、ガンであることを知らせることで、かえって、治療に対する意欲を失うなど悪影響がある場合もあります。したがって、医師の裁量として患者本人に対してガンの告知をしなくても、説明義務違反にはあたらないと考えられています。これに対して、家族については、たとえば末期ガンである場合などは、残された時間を家族である患者と有意義に過ごしたいと考えることもあります。告知しないことはその機会を奪ったことになり説明義務違反となるといわれています。そのため、上記例②で家族は医師Ｂに対して損害賠償請求できるものと考えられます。

●**守秘義務違反に基づく損害賠償請求**
　ガンで入院・療養中のＡのところに、Ａの勤務先の同僚Ｃが見舞いに訪れました。ＣはＡがガンであることは知らず、偶然会ったＡの担当医Ｂと雑談をしている中で、Ａがガンであることが知らされたという事例を基に考えてみましょう。
　医師は職業上、患者の病状など非常にプライベートな個人情報を管理しています。医師がこの秘密を漏らすことは刑法上の犯罪（刑法134条の秘密漏示罪）になるほど重い管理義務であり、これを守秘義務といいます。一般に、必要なく患者の病気の情報を漏らすことは、守秘義務違反にあたりますので、上記の例で、医師Ｂの行為を不法行為として、患者Ａは損害賠償請求をすることができます。

Question 2 患者としての私の行動に問題があったようなのですが、医師側への損害賠償請求にあたって支障が生じるのでしょうか。

 過失相殺によって賠償額が減額されるおそれがあります。

　ケガを負ったAという患者が搬送されてきたのですが、元気そうな様子だったので、B医師は特にレントゲン等も撮影せずに帰宅を許可したところ、翌日Aが死亡したという事例で考えてみましょう。死亡の原因は内臓破裂で、診察の際にレントゲンを撮っていれば、容易に発見できたものだったとします。

　医師には、患者の意識の有無や外傷の状態はもちろん、外見から判断できない体内等に、重大な病気が潜んでいないかを検査する義務があります。上記例で医師Bはそれを怠っているので、患者Aの遺族等（患者側）は、損害賠償請求を行うことができます。

　しかし、上記例で、Aが病院に搬送された時点で、ケガの原因がケンカであることを隠そうとして、金属バットで腹部を殴られたことをB医師に隠していた場合はどうなるのでしょうか。

　患者には、医師に対して、自分が受けた傷の程度や症状について、正直に医師に説明する義務があります。上記例では、患者Aもまた義務を怠っていると評価することが可能です。このように、患者側にも過失がある場合、民法では過失相殺といって、賠償額が減額される制度が定められています。したがって、患者側に過失となど問題がある場合、損害賠償請求は可能ですが、過失相殺とされる可能性があります。

Question 3: 医療機器に問題があり、患者に障害が残った場合、病院だけでなく製造したメーカーにも責任追及できるのでしょうか。

病院、メーカー共に問題があるときには、連帯して責任を負います。

医療現場では、様々な医療機器が使われています。そのせいもあって、医療事故の中にも、医療機器を原因とするものがあります。医療機器メーカーの装置に関する説明等に問題はなく、医療機器を扱った病院側に過失がある場合には、病院側だけが損害賠償責任を負います。逆に、医療機器メーカーの装置に関する説明等に問題（間違った使い方が説明書に記載されていた場合など）があり、それが原因で病院側は正しく医療機器を扱うことが不可能であった場合には、病院側は責任を負わず、医療機器メーカーが損害賠償責任を負うことになります。

次に、医療機器メーカーの装置に関する説明等に問題があり、医療機器の扱いにも問題があった場合には、病院、医療機器メーカーの双方が連帯して（どちらも）損害賠償責任を負うことになります。患者としてはどちらに対しても満額の損害賠償を請求することができます。

たとえば、メーカーから説明された設置方法そのものが危険であり、かつ、医師なども患者の異変に気づきながら手術を続行したというような場合には、メーカーと医師双方に過失があるといえますから、メーカーと医師双方が連帯して責任を負うことになります。

 患者が病院のベッドから転倒して大ケガをしたのですが、病院に責任追及することは可能でしょうか。

 事故を防ぐための注意を怠っていたような場合には損害賠償請求することも可能です。

　病院と患者の関係は、法律的には診療契約という準委任契約にあたりますが、病院側は、ただ診療に専念していればよいわけではありません。身体の自由がきかない患者の状態に配慮して、転倒・転落といった事故が病院内で発生しないようにすべき注意義務を負っています。

　したがって、そのような注意義務を怠った結果、患者がベッドから転倒して大ケガをしたという場合には、ケガの治療費などについて病院側に損害賠償請求することも可能です。

　ただし、事故が発生すると、常に、病院側が責任を負うというわけではありません。それなりの配慮と対応がなされていれば、注意義務を尽くしたといえ、損害賠償責任は生じません。実際、類似の事例において、①医師が家族から方向感覚低下についての申し出を受けて問診した際には、大きな問題はなかったこと、②医師は、看護師らに対して挙動に注意するように指示しており、看護師間でもその連絡がなされていたこと、③看護師が患者に対して、必要なら声をかけるようにという話をしていたこと、の3点から注意義務を尽くしていたと認められ、病院側に責任はないと判断されたものもあります。

 治療行為そのものではなく、看護師や病院の看護体制に問題があって被害が生じた場合には、損害賠償請求できないのでしょうか。

 看護師本人に対する損害賠償請求はもちろん、場合によっては、医師や病院に対しても損害賠償請求ができる場合があります。

　たとえば、薬剤を誤って注射するなど看護師の過失が原因で、患者が死亡した場合、看護師の行為は不法行為にあたり、損害賠償請求をすることが可能です。また看護師の行為は、通常、医師の指示に従って行われるため、医師もまた監督者責任に基づいて、損害賠償責任を負う場合があります。さらに、看護師の連絡ミスによって患者の症状が重篤化した場合などにおいては、看護師等が勤務する病院にとって看護師等は被用者ですので、病院が使用者責任を負うことがあります。また、病院が医師・看護師をはじめとする医療スタッフの連携体制を整えておくという義務を怠ったと考えることも可能です。この場合、病院は患者を適切な医療体制の下で療養・看護する義務を怠ったものとして、安全配慮義務違反と評価され、病院側の不法行為に基づく損害賠償請求を行うことも考えられます。

●看護師等に過失がない場合
　この場合は看護師本人や、看護師を監督する医師の責任を追及することは困難です。病院の看護体制について、上記の安全配慮義務違反に基づく損害賠償請求ができる場合があります。

 看護師が麻酔の取扱いの際、酸素ボンベと笑気の接続についてミスをしたことが原因で患者が死亡したのですが、このような場合に損害賠償請求は認められるのでしょうか。

 看護師以外の医師や麻酔医などに対する損害賠償請求が認められる場合もあります。

　看護師が麻酔の取扱いでミスをしているのですから、看護師に対する損害賠償請求は当然認められます。

　問題となるのは、これに加えて病院または医師に対しても損害賠償請求が認められるかどうかです。

　手術において、麻酔医が置かれていたような場合には、酸素ボンベと笑気（麻酔のための亜酸化窒素ガス）ボンベが正しく接続されているかを確認する義務を怠った過失があるとして、麻酔医に対し損害賠償請求をすることができます。

　また、看護師は、医師の指示監督の下で診療の補助を行う必要があります。したがって、医師の監督義務違反が認められれば、医師に対しても損害賠償請求をすることができます。仮に医師が看護師に麻酔の取扱いを一任していたような場合は、看護師に任せたこと自体が医師の監督義務違反となります。麻酔は専門資格が必要なほど、取扱いが難しいものだからです。この場合は、手術医に過失が認められますので、損害賠償請求をすることができます。

　最後に、看護師を雇用している病院に対しては、使用者責任（特殊な不法行為責任）に基づいて、損害賠償を請求することができます。

 **美容整形の手術ミスで、精神的にもダメージを受けました。慰謝料請求を考えていますが、金額はどのように決めるのでしょうか。**

 金額についての明確な基準はないため、まずは自分が希望する金額を提示してみましょう。

　精神的苦痛とは、被害者の立場や性格など各個人によって感じ方が違う上、相手方や弁護士など第三者の目には見えないものです。そのため、財産的損害の場合のように、明確な数字で算定基準を決めるのは困難であり、ケース・バイ・ケースというのが実情です。

　たとえば、交通事故の慰謝料の場合、自賠責保険の基準では1日4200円を基準として通院日数などを乗じて算出するという方法をとっており、通常損保会社から最初に提示されるのはこの額になっていますが、これも事故の状況や被害者の事情、加害者の対応などを話し合うことによって最終的な金額はかなり異なってきます。

　被害者が精神的苦痛の損害賠償を請求するにあたって「この金額でなければならない」という規定があるわけではありませんので、実際に受け取れるかどうかはともかく、まずは自分が考える金額を提示してみるとよいでしょう。

　相手方がこれに応じないときは訴訟などの手段をとることになりますが、裁判所が損害賠償額を認定するときは過去の判例などから妥当な金額を出してきますので、被害者本人が希望する額よりも少なくなってしまうことが多いようです。

手術ミスで母が死亡しました。手術をした複数の医師のうち誰に責任があるのか不明ですが、損害賠償請求はできますか。

ミスをした医師がわからなくても、手術をした医師全員を相手に損害賠償請求ができます。

　お母さんが手術後に死亡したことについて、病院側も手術時のミスが原因だと認めているわけですから、病院に対しては使用者責任を追及することになります。また、ミスをした医師に対しても不法行為による損害賠償請求をすることになります。

　ただ、病院に対しても、医師に対しても、誰がミスをしたのかがわからなければ、追及のしようがありません。このような場合には、執刀医全員に対して共同不法行為による損害賠償を請求する方法が考えられます。

　共同不法行為の典型的な例に、不法行為を行った複数の人間が故意に行うパターンがありますが、手術ミスの場合は執刀医に不法行為をしようという故意はありません。このため一見すると、手術ミスをしていない他の医師にまで不法行為の責任を追及するのはミスしていない医師にとっては酷なように見えます。しかし、手術ミスをしていない医師は、自分がミスしていないことを証明すれば、責任を免れることができるので、特に医師の負担が大きいというわけではありません。

　このように、共同不法行為責任を追及することで、執刀医同士がかばい合った結果、誰がミスをしたのかわからず、誰にも責任を追及できなくなる事態を避けることができます。

手術後4年経って手術ミスによる神経因性疼痛を発症しました。当時の手術ミスについて医師や病院に責任追及することは可能でしょうか。

損害賠償請求の消滅時効を検討することになります。

　手術時のミスが原因で、後遺症が起きた場合、患者は医師や病院に対して損害賠償を請求できます。
　一般に、手術ミスで何らかの損害を受けた場合には、医師の不法行為に基づく損害賠償を請求するという形式になります。不法行為を理由とする損害賠償請求権は3年で時効にかかります。ただ、この3年というのは、不法行為による損害と加害者をあなたが知った時から数えて3年という意味です。
　質問の場合、4年前の手術ミスが不法行為にあたります。そして、現在の神経因性疼痛という損害は、この4年前の手術ミスが原因で起きているようですが、これは今の病院の診断ではじめて知った事実です。
　したがって、時効の始まりは、今の病院で神経因性疼痛の診断を受け、この損害が4年前の手術の際のミスが原因であることを知った日になります。つまり、現在の病院の診断日から時効のカウントが始まったということです。ですから、4年前の手術を行った医師や病院に対して現在明らかになった後遺症についての責任追及を行うことは、時効との関係では何の問題もありません。後は、他の事例と同様の方法で、手術を行った医師と病院に対して責任を追及することになります。

第3章 ● 医療事故によるトラブルと損害賠償

Question 10 運転手のミスによる交通事故と搬送された病院での医療ミスが重なって被害者が死亡した場合、遺族は、誰にどの程度の損害賠償を追及できるのでしょうか。

交通事故の加害者、手術ミスをした医師の双方に全額の請求をすることができます。

通常不法行為があれば、被害者は加害者に対して損害賠償請求できます。しかし、このケースでは加害者が自動車の運転手と医師の2人であるため、誰にどの程度の責任を追及できるのかが明らかではありません。特に、最初の交通事故がメインの原因だった場合、医師には全額の請求ができないとも思えます。

このようなケースでは、民法は共同不法行為という制度によって被害者の救済を図っています。共同不法行為であると認められると、加害者が連帯責任を追うことになり、被害者としてはどの加害者に対しても、損害賠償責任を追及することができます。ただし、共同不法行為と認められるためには各加害者の行為が客観的に関連共同している（時間的・場所的に近い）必要があります。

今回のケースでは、運転手の過失と医師の過失が競合して被害者は死亡したと考えられるので、共同不法行為の成立が認められ、遺族は運転手・医師双方に逸失利益など、損害全額の賠償を請求できます。もちろん二重取りはできませんが、加害者双方に全額請求が可能と認められたことで、被害者保護が図られやすくなったといえます。

息子が事故に遭い、病院をたらい回しにされた結果、治療が遅れて死亡しました。転送の仕方に問題があったと思うのですが責任追及は可能でしょうか。

治療施設がない病院に転送を命じていたようなケースでは責任追及できる場合があります。

　「ベッドが足りないA病院、治療施設がないB病院を経て最後のC病院に転送後、治療が間に合わなく死亡した」というケースで考えてみましょう。それぞれの病院に責任を追及するためには、病院に義務違反が認められなければなりません。通常の医療事故では、医師（病院）に認められた診療義務に違反してないかが主要な争点となりますが、このケースでは、診療行為を行っているのはC病院だけです。C病院では、搬送の遅れにより結果的に治療は間に合わなかったものの、懸命の治療を施していると思われますので、C病院の診療義務違反は認められないでしょう。

　そこで問題となるのが、他の病院に転送義務の違反がなかったかどうかです。転送義務とは、自分が適切な治療を施せない場合には、他に適切な治療を施すことのできる医療施設に転送する医師に認められた義務です。転送義務には、受入先の了解を得る義務と、受入先に患者の容態等を説明する義務、患者を実際に搬送する義務が含まれています。このケースでは、A病院の転送義務違反に基づく損害賠償責任を追及することができそうです。B病院には治療施設がないにも関わらず、搬送していることからすると、A病院はB病院に対して、息子さんの容態を説明せず、B病院の了解も得ていない可能性があるからです。

Question 12 眼科医の手術ミスで片目の視力が著しく低下してしまったのですが、損害賠償額についてどんな算出基準があるのでしょうか。

事故がなければ受給できた、または支払う必要がなかった金銭が対象になります。

　損害賠償額の算定にあたっては、事故が起こらなければもらえた、または、払う必要がなかったお金と、事故後の状態の差額を求め、これが損害賠償の額となります（慰謝料は別に請求できます）。たとえば、手術ミスにより、一般より多く入院期間が必要となり、治療費が多くかかった場合には、事故がなければ払う必要のなかったお金ですので、損害賠償の対象となります。また、この期間仕事を休業した結果、無給となった場合には、これも損害賠償の対象となります（休業損害）。

　質問のケースでは、手術ミスのために片目の視力が著しく低下しているとのことです。そのような状態では仕事の効率は下がるでしょうし、可能な仕事も限られてしまいます。このため将来得られるであろう収入にも影響します。このような将来失われるであろう利益を逸失利益といいます。これも事故がなければもらえたお金にあたることは間違いないのですが、現実にいくらもらえなくなったのかを算定するのは困難です。そこで一定の基準に基づいて損害賠償の対象となります。賠償金額はケース・バイ・ケースですが、その際の基準として交通事故などで用いられる「後遺症害別等級表」（自動車損害賠償保障法施行令の別表第一、別表第二参照）が参考にされます。

A病院で毎年健康診断を受けていた父が、別の病院で胃ガンと診断され、死亡しました。A病院の医師に賠償請求できますか。

適切な健康診断を行っていれば生存していたということを証明できれば可能です。

医療事故でよく問題となる手術ミスなどにおいては、医師のミスと患者の死亡との間の因果関係（原因と結果の関係）は比較的容易に判断することができます（医師のミスによって患者が死亡したかが問題となる）。

ところが、本ケースのような医師が適切な処置をしなかったというような不作為が問題となるときには、適切な処置をとっていれば患者は死亡しなかったのかが問題となり、因果関係の判断が難しくなります。

この問題について、最高裁は、「医師が注意義務を尽くして診療行為を行っていれば、患者がその死亡の時点でなお生存していた高度の然蓋性が証明されれば、医師の不作為と患者の死亡との間の因果関係は肯定される」としています。さらに、最高裁は、「患者が適切な処置によりどの程度の期間生きていられたかは、損害賠償の額を決めるときに考慮される事柄であり、因果関係の存否に関する判断に影響しない」ともいっています。

本ケースにおいては、A病院の医師が適切に健康診断を行っていれば、実際の死亡時点で、お父さんはなお生きていた可能性が高いことを証明すればよいわけです。因果関係が証明されれば、損害賠償請求も肯定される可能性が高いといえるでしょう。

患者が注射によるショック症状を引き起こして死亡しました。ショック症状の原因は患者のアレルギー体質にあったようです。このような場合も病院側に責任追及が可能でしょうか。

医師が適切な対応を怠っていた場合には損害賠償請求することが可能です。

　損害賠償請求が認められるためには、医療行為について医師に過失が認められる必要があります。そして、この過失が認められるためには、医師が、医師に課せられている注意義務に違反していることが必要です。本件のような場合に、医師にどのような注意義務があるかというと、注射前においては、患者がアレルギー体質でないかを予見する義務（アレルギー体質がないか予備テストをする、患者に問診をする）、説明義務（注射によってショック症状が起こる可能性があることを説明する）などがあります。次に、注射後ショック症状が発生したときにおいても、適切な治療をする義務があります。

　質問のケースにおいては、アレルギー体質であることが、患者の死後に判明したようですが、事前に予備テストをしていれば判明したにも関わらず、これを怠っていたときには、医師に過失が認められます。また、注射によってショック症状が起こる可能性があることを事前に患者に説明していなかった場合にも、医師に過失が認められます。

　最後に、予備テストも説明も行っていたとしても、患者がショック症状を起こした際に、適切な治療をしていなければ、医師に過失が認められます。

 低体重児である娘が病院の保育室で保育管理を受けていたのですが、院内感染が原因で死亡しました。病院側の責任は生じないのでしょうか。

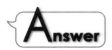 院内感染が生じた因果関係と病院側の過失が認められれば損害賠償請求は可能です。

　院内感染については、損害賠償を請求するにあたって2つの問題があります。最初に、何が原因で感染したのかについてです。損害賠償が認められるためには、加害者の過失と被害者の損害との間に因果関係（原因と結果の関係）を被害者側が立証する必要がありますが、感染の原因がわからないことには、因果関係の立証はできません。このような場合においては、感染の原因を複数挙げた上で、1つひとつ消去していき、最後に残ったのが感染の原因だというような消去法で因果関係が立証されることが多いのです。次に感染の原因について病院に過失が認められるかについてです。感染の原因について医師や看護婦に過失が認められれば、損害賠償は可能です。

　本ケースにおいても、たとえば、感染の原因が看護師や従業員の罹患していた結核であって（逆をいえば、それ以外の原因が考えられず）、病院側が看護師等の健康診断を怠っていたような場合には、損害賠償請求は可能になります。

　また、感染後に、医師が適切な治療を施していれば、娘さんが相当程度の確率で生存していたような場合には、医師の不作為に基づく損害賠償請求も可能です。

美容整形手術について、執刀医のミスで大きな傷が残ったので賠償請求しようと思います。当初の診断の際、手術の危険性などを指摘された場合でも請求できるのでしょうか。

医療ミスについては、損害賠償が認められ、過失相殺の問題が生じます。

　美容整形手術の場合には、病気やケガを治療するときのような一般的な手術とは異なり、治療的な側面はありません。健康な人について手術をするわけですから、すぐに手術をしないと命に関わるような緊急性もありません。時間をかけて慎重に手術を実施できますから、美容整形外科医は、美容整形手術をするときには、患者に対して、手術をするとどのような危険性があるのかを予め説明する義務があります。説明を受けることで、患者が手術をするかどうかを慎重に判断することができるからです。

　執刀医のミスにより傷が残ったわけですから、損害賠償や慰謝料請求はできます。ただし、当初の相談の際に、医師から手術の危険性や難しさについて指摘を受けたにも関わらず、警告を無視して別の整形外科に手術を依頼したような場合には患者にも慎重さを欠いた過失があるといえ、過失相殺される可能性があります。

　質問のケースでも、執刀医のミスが明らかであれば損害賠償や慰謝料請求は認められるでしょう。ただし、手術前に医師あるいは別の病院の医師から警告を受けたにも関わらず、無視して手術を受け、後遺症などが発生したような場合は、過失相殺によって損害賠償額が減額される可能性があります。

第4章

夫婦・親子・家庭内のトラブルと損害賠償

 婚約を破棄された場合には賠償請求できるのでしょうか。

 不当破棄の場合、請求は可能ですが、金額はそれほど高くならないと思われます。

　婚約とは、婚姻予約の略語で、将来の結婚を約束することです。婚約が成立すると、当事者はお互いに誠意をもって交際し、結婚を実現させるように努力をしなければならない義務が生じます。そのため、婚約が破棄されたような場合には、婚約披露の費用や仲人への謝礼金など現実にかかった費用は当然請求できますし、結婚準備のために今まで勤めていた会社を辞めたことによる損害があれば、それについても賠償請求ができます。さらに、精神的苦痛が生じたことを理由に慰謝料も請求できます。

　損害賠償を請求できるのは、相手方が婚約を不当に破棄した場合です。そのため、たとえばAとBの間の離婚で、Aに不貞な行為があったことや、Aから虐待や侮辱（ぶじょく）を受けたことなどを理由とするBからの婚約破棄は、破棄に正当な事由があるため、破棄されたAからの損害賠償請求はできません。他に、婚約後に相手方が精神病にかかった場合や、事故に遭った場合なども正当な事由とされています。慰謝料額の相場については、婚約に至るまでの事情、婚約をした後の当事者間の交際状況、婚約の原因、婚約期間、相手の責任の重さ、婚約破棄後の状況その他の諸事情を考慮して、裁判官が裁定します。通常は、内縁の破棄に比べて少額で、約50万〜200万円程度が1つの目安といえるでしょう。

 内縁関係を不当に破棄されたような場合にはどうしたらよいのでしょうか。

 婚姻届を出していない内縁関係であっても、損害賠償請求は可能です。

　法的に結婚をするには、実質的要件と形式的要件の両方がそろわなくてはなりません。たとえば、婚姻届を提出したからといって、それだけでは結婚したことにはなりません。

　婚姻の実質的要件の１つである「当事者である男女双方に婚姻をする意思、夫婦関係を成立させようとする意思があり、その意思が合致している」ことに反する場合には、その婚姻は無効です。おしかけてムリにハンコをつかせて届出をしても、相手の意思がはっきり「ノー」ならば、夫婦になることはできないのです。

　一方、これとは逆に、「結婚してお互いに夫婦としてやっていく意思はあっても、婚姻届を出していない」状態を内縁といいます。婚姻届を出していない以上、基本的には法律はタッチしないことになりますが、裁判所は、内縁を法律上の婚姻に準じて扱うことを認めています。また内縁関係を不当に破棄したような場合には、不法行為として損害賠償の責任が生じることも認めています。法律上の夫婦ではなくても、それに準ずる様々な権利や義務、責任などの規定が適用されているため、正当な理由なく関係を破棄されれば、損害が発生する可能性があります。なお、内縁の当事者ではなく、第三者が不当に干渉して関係を破綻させた場合、その第三者に対して損害賠償請求することが可能です。

長年内縁関係にあった夫が別の女性と同棲するようになりました。別れた場合、財産分与や慰謝料の請求はできるでしょうか。

内縁関係であっても法律上の夫婦に近い保護がなされるので、財産分与や慰謝料の請求はできます。

　生活を共にし、外見的には夫婦のように暮らしていても、結婚するという意思がない場合は「同棲」です。また、夫婦同然に生活して結婚の意思もあるものの、婚姻届は出していないという場合は「内縁」となります。たとえば、すでに誰かと婚姻届を出している状態だが、別の誰かと結婚するつもりで同棲しているというケースも内縁関係にあたります。これを重婚的内縁関係といいます。

　内縁の場合、相続権がないなど原則として婚姻としての法律の保護を受けることはできないのですが、内縁関係を解消するときには財産分与や慰謝料を請求することが可能です。

　婚姻関係の場合と全く同じというわけではありませんが、準婚関係といって、内縁関係であっても、民法上結婚に準じた扱いがなされます。内縁関係だからといって家にお金を入れなかったりすれば、協力扶助義務違反となるのです。もちろん、貞操の義務もあるわけですから、身勝手な不貞をはたらけば、通常の婚姻と同様、慰謝料を請求されることになります。しかし、「結婚する意思」や「夫婦同然の生活」は、はっきりした線引きが難しいところで、場合によっては、内縁の関係は、同棲や単なる共同生活

とも解釈されてしまいます。内縁の場合は、通常の夫婦の離婚のようにはいかないのが現実です。

● 調停では財産分与や慰謝料の額を決めてもらえる

たとえば離婚調停（内縁関係調整）では、両者が調停でうまく合意し、調停が成立すれば、裁判所側が調停調書を作成します。基本的には、裁判所（調停委員）側が財産分与や慰謝料について一方的に決めてしまうことはありませんが、当事者双方が同意すれば、調停で慰謝料や財産分与を決めてもらうこともできます。

もし、合意に至らずに、調停が不成立となった場合は、家庭裁判所の職権によって審判に付されることもあります。そしてこの審判において、財産分与、慰謝料について決めることもあります。その後2週間以内に当事者が異議申立てをしないと、審判の内容が確定してしまいますが、異議申立てがあった場合は、その審判は効力を失い、さらに解決を求めて訴訟を提起することになります。

● 財産分与・慰謝料の変更は認められるのか

離婚（内縁関係解消）後に、離婚時と状況が変わったからといって財産分与や慰謝料について変更を認めてもらうのは難しいでしょう。ただし、相手が不倫をしていたことを隠していたり、無理やり念書を書かされたという場合には、慰謝料請求や財産分与のやり直しが認められる可能性があります（なお、慰謝料・財産分与請求の時効期間については125ページ参照）。

■ 慰謝料と財産分与の違い

- 財産分与
  - 夫婦財産の清算
  - 離婚後の生活のための一定額の支払い
- 慰謝料
  - 離婚すれば必ず慰謝料の問題が出てくるわけではない

離婚が成立する前に家を出ると、慰謝料を請求できなくなるのでしょうか。

家を出る正当な理由があれば慰謝料を請求できます。

　離婚が成立する前に先に家を出ると「悪意の遺棄」を指摘されて慰謝料を相殺（互いのもつ債権を対当額の範囲で消滅させること）されることがあります。「悪意の遺棄」とは、夫婦の同居義務を果たさず、一方的に家を出る行為を指し、裁判上の離婚理由の１つに挙げられています（民法770条）。しかし、これはあくまで家を出ることに正当な理由がない場合の話で、単身赴任や病気療養、暴力などの事情がある場合には「悪意の遺棄」とはなりません。たとえば「夫が浮気をして家に帰ってこない」「浮気相手から無言電話や尾行などの嫌がらせをされている」など別居に踏み切るに足る事情がある場合には、先に家を出たからといって離婚訴訟時に不利になることはないでしょう。

　ただ、用心したいのは、配偶者側がその理由に関する証拠を隠滅する可能性があるということです。裁判所は双方の言い分や証拠を基に、公平に判断を下す場です。証拠がなければ、たとえそれが事実であってもなかなか認めてくれません。確実に自分の言い分を認めてもらうためには、「配偶者と浮気相手のメールのやりとりの形跡やホテルの領収書などを入手する」「浮気相手の嫌がらせ電話の録音をする」「尾行を受けた際に警察に相談しておく」などの証拠集めをしておいた方がよいでしょう。

 財産分与と慰謝料にはどんな違いがあるのでしょうか。離婚時に決めておかなければなりませんか。

 違いがありますが、いずれも離婚前に決めておく方が無難です。

　離婚に際して、決めなければならないのは、子どものいない夫婦の場合は、財産分与や慰謝料など金銭的なことがメインになると思われます。これまでに夫婦で築いてきた財産を、お互いの間で清算する必要があります。これが財産分与です。妻が専業主婦で金銭収入がなかったとしても、これまでに築かれた財産は妻の協力あっての財産とみなされ、夫婦共有の財産となります。また、妻の不貞で別れるような場合でも、基本的には離婚原因を作った妻の側（有責配偶者）からも財産分与を請求することができます。

　一方、慰謝料は財産分与とは違って、どんな夫婦の場合にも必ず請求できるわけではありません。相手側が有責配偶者である場合には、原則として慰謝料を請求できます。夫婦双方に同等の離婚原因がある場合、あるいは夫婦のどちらかに責任を負わせるような離婚原因がない場合には、慰謝料の請求は認められません。

　財産分与の時効は2年、慰謝料の時効は3年で、離婚後でも請求は可能です。ただし、離婚した後でいざ請求しようとしても、多くの場合、簡単には応じてもらえないのが現実です。また肝心の財産を処分してしまっていて、面倒なことになる可能性があります。金銭的な条件は、できるだけ早いうちに、できれば離婚する前に処理しておいた方がよいでしょう。

 離婚の慰謝料を請求したいのですが、その額は結婚期間によって変わってくるのでしょうか。

 結婚期間も考慮した上でケース・バイ・ケースで判断することになります。

　財産分与と同様に、慰謝料額の算定にあたっても結婚期間の長短は考慮されます。とはいえ、これはケース・バイ・ケースで、結婚間もないと慰謝料が安く、熟年離婚だと慰謝料額が大きくなるとは限りません。

　慰謝料は、離婚の直接的な原因を作った側が、精神的損害を受けた相手に対して支払う損害賠償ですが、損害を被った相手にも責めを負うべき点がある場合、過失相殺（損害の発生について被害者にも不注意があった場合に損害賠償額を減少させること）されるのが一般的です。このような場合はまず、どちらが離婚原因の根本を作ったのかを探り、これによって相手が額にしてどの程度の損害を受けたかを調べます。こうして両者の過失を比較し、損害と相殺した上で、慰謝料の額が決定されます。

　では、たとえば双方が浮気をしており、どちらが先かはっきりしないなど、離婚の原因がお互いにある場合はどうでしょうか。このような場合はお互いの請求について損害額が減額され（過失相殺といいます）、その結果、どちらにも慰謝料を請求するような損害がないとされれば、慰謝料の問題はなくなります。慰謝料は、このように精神的な損害と過失を夫婦それぞれについて認定して決めるものだといえます。

 浮気を繰り返す夫に疲れ果て、娘2人を私が育てる条件で離婚したいと考えています。慰謝料はどの程度請求できるのでしょうか。

 相手の責任の程度や経済力などを考慮して決めます。

　本ケースのような場合には、当然、夫に責任があり、慰謝料を請求できます。

　離婚の際に請求できる慰謝料の具体的な金額や算定方法については、法律上特に定めがあるわけではありません。そこで、実務の場では、結婚していた年数を1つの目安とした上で、離婚することになった経緯における相手方の責任の程度、相手方の生活水準、経済力などを総合的に考慮して実際の慰謝料の額を決めています。一般的には、婚姻期間が長いほど、離婚に伴う生活環境の変化による精神的な苦痛は大きいと考えられますから、慰謝料の金額も高額になります。ただ、慰謝料や財産分与の算出は当事者を取り巻く環境によって大きく左右されるものです。相手方の年収などの状況によっては、さらに金額が高くなる場合や逆に低くなる場合もあります。

　なお、夫には慰謝料とは別に子の養育費（教育費）として、月々数万円から15万円程度の支払義務が生じます。金額は夫と妻の収入状況や子どもの年齢などを考慮して決定します。裁判所が「養育費・婚姻費用算定表」（東京家庭裁判所のホームページ参照）という表を示しており、これを目安として金額を決定することが多いようです。

姑の執拗な嫌がらせに疲れました。離婚したいのですが姑にも慰謝料を請求することはできますか。

請求しても認められる可能性は低いでしょう。

ケースの事情のように、夫側の家庭や姑が夫婦関係にやかましく干渉してきたために、結婚生活が破たんすることもあります。そのような場合、離婚に際して姑に対して慰謝料請求することはできるのでしょうか。

実際のところ、姑が夫婦関係に干渉してきたために、夫婦仲が悪くなり、離婚を決意した場合であっても、その姑の言動が著しく不当な干渉でない限り、慰謝料を請求することは難しいでしょう。

慰謝料請求が認められる不当な干渉といえるためには、客観的に見ても限度を超えた干渉であることが必要です。姑が、主導的で積極的に介入して、夫婦関係を破壊させる方向に干渉したために、離婚するのが避けられない状況にあった場合には、例外的に慰謝料請求が認められる場合もあります。

夫に対する慰謝料請求が基本で、姑に対する請求は、あくまで例外的である点は理解すべきです。姑に対する慰謝料請求は、夫への請求よりも困難であると認識しておいて下さい。

姑との関係が離婚の原因の一部になったとしても、問題なのは姑よりも母（または両親）と妻の関係を全く理解できない夫の方だという場合もあります。したがって、離婚することになった場合、夫に対して慰謝料を請求することは可能でしょう。

夫と「性格の不一致」を理由に離婚することになりました。慰謝料を請求することはできますか。

単に「性格の不一致」というだけでは慰謝料は発生しません。

　離婚で手にする財産としては、財産分与の他に、慰謝料があります。財産分与は、夫婦で築いた財産に対する貢献度によって分配されるので、離婚の原因を作った方が責任を問われて取り分を減額されるようなことはありません。

　これに対し、慰謝料は、相手から受けた精神的苦痛に対して支払われるお金です。一般的には、浮気や不倫などの不貞、それに暴行や虐待などが、慰謝料請求の対象となることが多いといえます。

　離婚原因としてよく聞かれる「性格の不一致」のようなあいまいな理由では、慰謝料が発生することはまずないといえます。

　また、「慰謝料は財産分与の範囲に含まれる」という場合と、「慰謝料と財産分与は別々に請求されるべき」という場合があります。裁判（訴訟）で財産分与が決定した後で慰謝料の請求をすることも可能ですが、現実には、慰謝料は夫婦の共有財産の中から支払われるので、財産分与と慰謝料の両方を兼ねる場合が多いようです。しかし、財産分与と慰謝料とは法律上は一応別のものとして規定されていますから、両者をきちんと区別してしっかり確認するように注意しましょう。調停調書などに「今後名目の如何を問わず、財産上の請求を一切しない」という一筆を書き入れる際は特に要注意です。よく考えず、簡単にサインをしてしまっ

たために、受けとれるべきものも受けとれなくなるおそれがあります。なお、慰謝料は民法上の不法行為に対して認められるもので、離婚後3年以内に請求しなければなりません（民法724条）。

●慰謝料の相場は意外に低い

慰謝料の金額は財産分与とあわせても200万円から600万円程度のケースが多いといえるでしょう。

しかし、慰謝料は精神的な苦痛に対して支払われるものですから、はっきりとした基準や相場があるわけではなく、全くケース・バイ・ケースで決まるものなのです。

たとえば、お金持ちの夫がどうしても離婚したければ、多少金額が高くても妻の提示するお金を支払うでしょうし、逆に妻の方が「とにかく離婚したい」と思っていれば慰謝料の額にはそれほどこだわらないでしょう。しかし、通常は、芸能人のように何千万円もの多額の慰謝料を請求できるということはありません。「財産分与だけでなく慰謝料もあるのだから、けっこうな額になる」と考えるのは残念ながら甘いといえます。

■ 慰謝料はどのように決定するのか

明確な基準があるわけではない

↓

・離婚原因はどんなことか
・有責性の程度（一方的なものか双方の責任か）
・資力や婚姻期間など

↓ 総合考慮して判断

慰謝料額の決定

離婚原因を作った夫の浮気相手に慰謝料を支払わせたいと考えています。請求は可能でしょうか。

浮気相手の不法行為が認められれば可能です。

　民法によると、夫婦は同居し、お互いに協力、扶助する義務を負うものとされています。この定めには、お互いの貞操義務も含まれていて、これに反する行為を「不貞行為」と呼んでいます。通常、肉体関係を伴わない関係は不貞行為とはみなされません。不貞行為が原因で夫婦関係が破たんすれば、離婚事由となりますから、浮気した夫の責任を追及できます。夫の浮気相手については、相手に配偶者がいることを知りながら（故意）、または知ることができたにも関わらず（過失）、肉体関係を持った場合、不法行為が成立し、妻に対して不法行為を行ったことになり、損害賠償責任を負うことになります。この損害賠償責任は、後に離婚をするかどうかに関係なく生じます。あなたが、夫の浮気相手に対して別れるように頼んでも聞き入れてもらえない場合や、逆に相手から夫と別れるように要求されたりして、精神的苦痛を受けた場合も、あなたは相手の女性に対して慰謝料を請求することができます。ただ、夫が浮気相手に対して配偶者はいないと嘘をついて信じ込ませた場合や、夫が浮気相手に対して妻子のいることを隠していた場合など、不貞行為の様態によっては、浮気相手に責任が生じない場合もあります。そのような場合には浮気相手の女性から確実に慰謝料をとることができるとは限りません。

夫の不倫が原因で離婚することになりました。慰謝料はどの程度受け取ることができるのでしょうか。

婚姻期間や相手の経済状況、離婚理由などによって異なります。

　たとえば夫に明らかな非があって離婚する場合、精神的・経済的など何らかの損害を受けた妻は、夫に対し慰謝料を請求することができます。慰謝料額について法律上に明確な基準はありません。請求するだけであれば、どんなに高額であってもかまわないわけです。ただ、妻が一方的に慰謝料の金額を決めて請求すれば、それを全額受け取れるのかというと、そうではありません。まずは双方で話し合うことになります。ここで夫が「妻が請求した金額を受け入れる」といえば、慰謝料は妻が請求した金額に決定します。この場合、約束した内容について公正証書を作成しておくと、後になって夫が「そんな約束はしていない」と言い出したり、分割での支払いが滞ったりする事態に対処しやすくなります。

　一方、夫が妻の請求した金額について異議を唱え、話し合いが決裂した場合は、調停や訴訟に持ち込むことになります。裁判所は、たとえ離婚原因が夫にあったとしても、一方的に妻の言い分を認めるような判断はしません。慰謝料の額についても、婚姻期間や夫の経済状況、離婚の原因となった行為に対する責任の重さなどを考慮し、世間一般の相場を逸脱しない程度の金額を提示します。判例では、不倫が原因で離婚する場合の慰謝料は概ね200～300万円とされているようです。

Question 12
夫の浮気が原因で離婚しました。一番の被害者は子どもです。子どもが夫の浮気相手に慰謝料を請求することはできますか。

原則として子どもからの慰謝料請求はできません。

　妻が、妻自身の慰謝料請求だけでなく、離婚により子どもから父親が奪われたことについて、子の代理人として子の慰謝料請求権を行使することは可能でしょうか。

　結論からいうと、浮気相手に対する妻の慰謝料請求は認められますが、原則として子どもからの請求は認められません。妻については、浮気相手の介入によって夫婦関係が壊れ、離婚という直接の影響を受けたことになりますから慰謝料を請求することができます。一方、子どもの方も浮気相手がいなければ平穏な家庭生活を送ることができたはずであり、両親の離婚によって大きな精神的苦痛を与えられたと考えられます。しかし、浮気相手がいたとしても父と子の縁が断たれるわけではなく、父親の心がけしだいで子どもたちは父親の愛情を受けることができるはずです。したがって、この場合責任を負うべきは父親であり、特別な理由がない限り、子どもは浮気相手に慰謝料を請求できないとするのが裁判所の基本姿勢となっています。ただし、父親が子どもに会ったり、経済的な援助をしようとしているにも関わらず、浮気相手が「前の家族のことはもう忘れて」などといって、積極的に子どもに対する責任を果たさせないようにさせた場合は、子どもの慰謝料請求が認められる可能性があります。

別れたばかりの不倫相手が腹いせに職場や家族に浮気の事実を知らせてしまいました。損害賠償請求することはできますか。

職場の場合は請求できますが、賠償額は低額になるでしょう。

　有名人が、メディアを通じて全国的に情報を広められてしまうケースと比べると、自分の勤務先で不倫の事実を暴露されるという出来事は、それほど大事ではないようにも思われます。しかし、当事者にとっては、毎日出向く場所で密接な人間関係が築かれている中、そのような暴露をされるというのは、かなりダメージが大きいといえるでしょう。本人の名誉が傷つき、プライバシーも侵害されるため、精神的ショックを受けるのはもちろんですが、昇進の妨げになったり、最悪の場合退社を余儀なくされる可能性もあるため、経済的な損害も発生するかもしれません。ただ、浮気が事実である以上は、本人にも落ち度があるため、それを考慮されて賠償請求できる金額は低くなるでしょう。

　次に家族へ暴露された場合です。たとえば、何も知らない妻が突然浮気の事実を知らされれば、当然精神的ショックを受けますし、それが原因で夫婦関係に亀裂が入ったり、破たんしたりする可能性も高いでしょう。本人にとっては、安定した家庭生活を壊されたわけですから、非常に大きなダメージといえます。しかし、そもそも浮気をした本人の落ち度が問題視されるため、不倫相手への損害賠償請求は難しいでしょう。ただし、浮気が事実ではなく全くの嘘である場合は、損害賠償請求の対象となります。

 財産分与・慰謝料の分割払いを求められています。一般的にはどのように支払いが行われているのでしょうか。

 できるだけ早い段階で支払ってもらいましょう。

　財産分与や慰謝料などの支払いは、分割にせずできるだけ一括ですませる方が無難です。やむなく分割にする場合でも、最初に支払う頭金を多くするなどの工夫を心がけるようにしましょう。その夫婦の別れ方、あるいは支払う側の経済力や性格によっても事情は違いますが、離婚して別々に生活し始めれば、たとえ法律的に義務付けられたことでもおざなりになりがちです。遠方に引っ越してお互いの距離が物理的に離れたり、再婚したりすればなおさら、支払いが滞るようなことにもなりかねません。

　協議の結果、分割払いに決まったときには、支払時期、金額、方法など、取り決めたことを必ず強制執行受諾文言入りの公正証書として書面で残すようにしましょう。このようにしておけば、万一相手が取り決めを守らないようなトラブルが生じても、公正証書に基づいて相手の財産を差し押さえるなどの強制執行が可能です。証書には「分割金を1回でも支払わなかった場合は、残金を一括して支払う」のような一文を必ず記載すべきです。

　このように、金銭的に決まったことや金銭面に関することについては、公正証書を作成するのが鉄則です。もし公正証書にしなかった場合で後日、財産分与や慰謝料をめぐりトラブルが発生したときには、相手方に内容証明郵便を送付する方法もあります。

離婚時の財産分与で財産を受け取ると課税されるというのは本当でしょうか。また、慰謝料などを受け取った場合、贈与税がかかるのでしょうか。

原則として財産分与や慰謝料には贈与税はかかりません。

　財産分与では、主に財産をもらう側が税金を支払うものだと勘違いしている人がいます。おそらく、贈与・相続の場合に、財産をもらう側に課税されるため、財産分与でも、もらう側に税金が課されると誤解してしまうのだと思います。しかし、財産分与では、財産をもらう側は、過大に多い金額や、節税目的でなければ、税金（贈与税）を支払う必要はありません。

　一方、財産を渡す側については、主に不動産を譲渡するときに、譲渡所得税という税金を課される場合があります。

　たとえば、長年家族で暮らしていた自宅を、妻に財産分与し、夫は家を出ていくというケースで、自宅を譲渡した夫に譲渡所得税が課される場合があります。譲渡所得税の計算にあたっては、夫が自宅を元妻に渡したときの時価を、譲渡所得とする決まりになっています。

　しかし、居住用不動産の譲渡の場合は、3000万円までの利益については控除の対象になります。つまり、財産分与の対象となる不動産の時価が3000万円以下であれば、税金を支払う必要がないということです。

　ただし、この特例は、親子や夫婦といった間柄では適用されません。したがって、特例による控除を受けたい場合は、離婚に

よって夫婦関係を解消した後に財産分与を行う必要があります。
　また、不動産の時価が3000万円を超える場合、特例で3000万円を特別控除した上で、居住用不動産の軽減税率適用の特例を受けることができます。軽減税率適用の特例は、不動産の所有期間が10年を超えていることが条件になります。
　なお、慰謝料は、損害賠償金又はそれに類するもので心身に加えられた損害などに起因して取得されるものとして、相手方から損害賠償として支払われるものであって、贈与を受けたものではありませんので、原則として贈与税はかかりません。
　ただし、財産分与や慰謝料が以下に当てはまる場合は課税されますから注意して下さい。
① 　分与された財産の額が婚姻中の夫婦の協力によって得た財産の価額やその他すべての事情を考慮してもなお多すぎる場合には、その多すぎる部分に贈与税がかかることになります。
② 　離婚が贈与税や相続税免れのために行われたと認められる場合には、離婚によって得た財産すべてに贈与税がかかります。

■ **財産分与・慰謝料と税金**

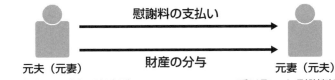

Question 16 事故死や犯罪による死亡の場合、損害賠償請求権は相続されるのでしょうか。

 算定に時間がかかることもあるため、後の分割協議に回すことも検討します。

交通事故や犯罪に巻き込まれるなどの事故による死亡で、相続が開始されることがあります。この場合、遺産には損害賠償請求権が加わります。この損害賠償請求権は、可分債権である金銭債権です。しかし、事故による損害賠償請求権は、可分債権であっても、相続が開始された時点では、賠償の有無自体や金額が未定ですから、分割協議によって相続人同士で交渉をしてすぐに決められるわけではありません。死亡事故の場合の損害賠償請求については、死亡事故以外の遺産分割を一部分割として先にして、死亡事故の損害賠償については後の分割協議に回すか、あるいは損害賠償額の分割を割合だけで決めておいた方がよいでしょう。というのは、事故の詳細な状況がわかりにくかったり、損害額も慰謝料や逸失利益（不法行為がなければ将来得たであろう利益）が中心で、算定が複雑になり時間がかかるからです。なお、交通事故では死亡した被相続人の親族に対して、固有の慰謝料として支給されるものがあります。

請求の相手は原則として保険会社ではなく加害者です。不法行為による損害賠償請求権は、損害と加害者を知ってから3年以内に行使しないと時効で消滅しますから注意が必要です。

 娘に対するいじめを学校の先生に相談しても対策を講じてくれず、娘は体調を崩して不登校になってしまいました。学校に対して法的責任を問うことはできますか。

 弁護士などを通して措置を求めても状況が変わらない場合には、裁判により法的責任を追及することになるでしょう。

　娘さんの不登校については、無理に解消しようとする必要はありません。たとえば地方自治体が運営する適応指導教室や、民間のフリースクールなどに通ったとしても、学校長が認めれば単位を取得したものとして進級や卒業をすることができます。学校に通うのは子どもの権利であって義務ではありません。体調を崩すほど負担を強いられる学校に無理に行かせる必要はありません。

　一方、そのような状況を作る原因となった加害者や学校に対して、法的責任を追及することも可能です。ただ、いきなり裁判をするのではなく、まずは弁護士などに相談していじめを解消する措置を講じるよう、学校や教育委員会などに交渉をしてもらうところから始めることになるでしょう。それでも対応が見られない場合は、娘さんが受けた精神的苦痛に対する慰謝料などを請求することもできます（民法709条）。

　ただ、学校側がいじめの存在を認めるとは限りませんから、裁判は娘さんにとってもご両親にとっても長く厳しい戦いになることを覚悟しておく必要があります。それでも裁判をするという場合には、裁判では証拠が重要となりますので、娘さんがどのようないじめを受けているのかを具体的に記録しておくのがよいでしょう。

Question 18
不良グループに絡まれ暴行を受けました。リーダーは指示だけ出しており、全員が暴行を行っていたわけではないようです。直接的な加害者を特定できないときはどうするのでしょうか。

 たとえ手を出していなくてもグループ全員に責任がある場合があります。

　民事上の不法行為責任を追及するためには、損害を加えた者を特定して、その者の行為（暴行）と発生した損害（傷害）の間に、原因と結果の関係（因果関係）があることを証明しなければなりません。これが原則です。しかし、複数の者が共同して不法行為を行った場合には、それを一体のものとみなして、全員に対して損害すべての賠償責任を追及することができます。これを共同不法行為といいます。どのような場合に「共同している」といえるかは、ケースによって判断が異なってきます。ただ、複数の者が不法行為を一緒に行うことについて、意思を通じていた場合には、共同しているといえるでしょう。集団暴行の場合には、暴行について共謀していれば、実際に手を出していない者にも、暴行から発生した傷害について責任を追及することは可能です。

　質問のケースでは、全員が直接的な暴行を行っていないものの、現場にいた不良グループ全員が被害者に対して暴行を行うことについて共謀していたとはいえそうです。そのため、後方にいて直接手を出していなかったリーダー格の少年も含めて、グループ全員のそれぞれに対して治療費や慰謝料といった損害賠償の全額を請求することができます。加害者が未成年の場合には、それぞれの親に対して全額の損額賠償を請求することになります。

中学生の息子が、サッカー部での練習中、顧問の先生がその場にいない時に、顔面でシュートを受け鼻の骨を折りました。先生やボールを蹴った生徒の親に損害賠償を請求できるでしょうか。

請求できない可能性が高いですが、ケガへの対処の遅れや、危機管理が不十分などの事情があった場合は請求できます。

　部活動は、学校が行う教育の一環であり、教師の監督の下で行うべきものです。学校は、部活動中に事故などが起きないように細心の注意を払う義務があります。

　しかし、一般的に考えて中学生が大人の監督なしにサッカーをすることに問題があるとはいえません。また、先生が席をはずしていたのも職員会議という職務上の事情ですから、監督責任を怠っていたと指摘するのは困難です。さらに、ボールを蹴った生徒に対しても、ケガをさせようとして故意にボールをぶつけたのであれば話は別ですが、練習の範囲内で思いがけず起きてしまった事故であれば、過失責任を問うのは難しいでしょう。

　そこで、原則として治療費を請求することはできないことになります。しかし、ケガをした際の対処が遅れたために傷口が悪化した場合や、学校のグラウンドが滑りやすく、ケガをする危険性の高い状況であるにも関わらず、先生が状況を改善しなかったという場合には、学校側に対して損害賠償を請求できる可能性があります。また、シュートをした生徒が、ケガをさせようと思ってボールを蹴っていたというような場合には、その生徒の親に対する損害賠償請求も認められる可能性があります。

Column

面会交流の約束を守らない場合の慰謝料請求

　離婚の際、子供を引き取らなかった親（子を監護しない側の親）が子供と面会し、一緒に時間を過ごすことを面会交流といい、権利として認められています。この権利を侵害された場合に、慰謝料請求が可能か争われることがあります。

　まず、離婚協議の時点では、小さな子どものいる夫婦の場合、親権者の指定と共に面会交流についても定めることが多くあります。離婚後の面会交流権を認めるのは、別れた両親が夫婦でなくなったとしても、子どもにとっては自分の親であるという事実に変わりはないからです。あくまでも親のためではなく、子どものために行う権利ですので、面会交流権自体が、子どもの福祉（幸せや健全な成長など）を害する恐れがある場合には、権利行使が制限されます。つまり、相手が子どもに暴力をふるうような親の場合は、子どもの福祉を害し、心身に傷を残す可能性がありますから、離婚当時の面会交流を拒否することや、新たに調停で面会交流の制限を求めることができるわけです。

　一方で、面会交流権は子どもの福祉を守る上で重要な権利ですから、正当な理由もなく、子どもを監護している親の都合で面会交流を妨害したり拒否することは、家庭裁判所に対して履行勧告を申し立てることが考えられます。それでも、子どもを監護している親が面会交流を拒否する場合、不履行を理由として家庭裁判所に強制執行（間接強制）を申し立てると、1回の拒否につき数万円といった請求を行うことができます。そして、強制執行（間接強制）によっても子どもを監護している親が面会交流を拒否するような場合には、最終的に慰謝料請求の訴訟を起こすことができます。

第5章

職場や会社組織をめぐるトラブルと損害賠償

Question 1 会社の業績が悪化したという理由で一方的に採用内定を取り消されました。あきらめなければならないのでしょうか。

内定取消無効や損害賠償請求が認められる可能性があります。

　内定後の短い期間に会社の業績が急速に悪化し、当分回復する見込みがなくなってしまったことを理由に、入社予定日寸前になって内定を取り消すような企業があるようです。しかし、会社の業績悪化には、経営者の景気予測の見誤り等があると考えられ、その責任を内定者に負わせるような対応は許されません。内定者の内定を取り消すことができるのは、①予定通り内定者を雇い入れると人件費が経営を圧迫して行き詰まることが明らかであり、すでに雇用している社員の解雇を回避するためには、内定取消がやむを得ない状況であったこと、②内定取消を回避するために最大限の努力をしていたこと、③内定取消の判断をした時点ですみやかに取消の補償をするなどのとれる手段を尽くしたこと、などが認められる場合のみです。単に業績が落ちたからといって安易に内定取消をすることはできません。内定取消が悪質といえる場合には厚生労働省によりその企業名が公表されることになっています。

　したがって、内定取消通知が来たからといって泣き寝入りするのではなく、場合によっては内容証明郵便（232ページ）の送付や労働審判の申立てを検討することもできます。たとえ入社できなくても、損害賠償請求が認められる可能性もあります。

所定労働時間以上に働いたのに、「試用期間中だから」と残業代を払ってもらえませんでした。試用期間中は残業代を請求できないのでしょうか。

試用期間でも労働者ですので、所定労働時間以上働けば残業代を払ってもらうことができます。

　試用期間とは、会社側が採用した労働者の適性を見極めるために設ける期間ですが、結論として、「試用期間だから残業代を払わない」という会社の考えは誤りです。会社は、相談者に対して時間外手当（残業手当）を支払う義務があります。1日8時間を超えて労働させたときには、試用期間であるかどうかに関係なく、8時間を超えた分に対しては、原則として25％以上の割増賃金（時間外手当）を支払う必要があります（労働基準法37条）。

　支払が行われない場合、労働基準監督署などの機関に相談し、今後の方針を検討することになります。

　会社側には、試用期間中の労働は利益に直結しないなどの不満もあるかもしれませんが、定時に帰宅させずに時間外労働をさせた以上、時間外労働の必要があったわけですから、試用期間中であっても会社の利益にも立派に貢献しているといえます。

　なお、試用期間中ということで、労働条件が正規採用後の労働条件よりも低めに設定されていること自体は違法ではありません。ただし、だからといって、試用期間中の時間外労働や深夜勤務分の割増賃金の請求ができないということにはなりませんので、残業した試用期間中の労働者は残業代を請求することができます。

 入社4年目の社員Xの着服が発覚しました。本人はすでに退職しており、現在行方不明です。身元保証人Yに損害賠償請求できますか。

 契約に特約などがない場合は、請求できないでしょう。

　多くの会社では、社員が不祥事を起こして会社に損害を与えた場合に備えて身元保証人契約を結びます。ただ、常に身元保証人が全額を賠償しなければならないわけではなく、また、期間制限なく、いつまでも身元保証人に請求できるわけでもありません。「身元保証に関する法律」により、身元保証人の責任はある程度制限されています。まず、保証すべき期間ですが、原則として身元保証契約が成立した日から3年間とされており、たとえ特約があったとしても5年間が最長期間とされています。期間の更新は可能ですが、その期間も5年間が限度となっています。このケースでは、Xは入社から4年目なので、身元保証人契約に特約や更新がなければすでに無効となり、Yに対して請求はできません。

　では、特約や更新によって契約がまだ有効である場合はどうでしょうか。「身元保証に関する法律」では、保証責任の範囲について、①被用者の監督に関する使用者の過失の有無、②身元保証人が身元保証をするに至った事由と身元保証をするにあたり払った注意の程度、③被用者の任務または身上の変化、④その他一切の事情、を考慮して裁判所は損害賠償の金額を算定すると規定しています。結論としては、様々な要素を考慮され、賠償額が実損額より減額される可能性が高いといえるでしょう。

 **事前に上司が残業を指示していなかったという理由で残業代の支払いを拒否されたのですが、許されるのでしょうか。**

 残業に客観的な必要性があったと認められる場合、労働時間として扱われます。

　業務命令に基づかない残業であれば労働時間として取り扱う必要がないのが原則です。ただ、上司の明確な言葉での指示がない労働時間でも、暗黙の指示があると認められる場合には、正規の労働時間として取り扱われます。なお、労働時間とは、労働者が使用者の指揮監督の下にある時間のことをいいます。

　上司としては、残業を行わせる意図も必要性もないと考えていたという場合もあります。

　しかし、たとえば、①労働者が行っていた残業が直接業務に関連している、②部署全体の仕事が難航し、残業する者も増えてきていた、さらに、③上司も労働者が残業していたことを知っていたのに放置していた、というようなケースでは、上司が残業を追認していたと考えることができます。

　したがって、これらの事情から判断して、残業に客観的な必要性があったと認められる場合、会社は働いていた時間を黙認していたとされ、労働時間として扱わなければならない場合があります。

　書面で請求する場合には内容証明郵便（232ページ）を利用するのがよいでしょう。

 **海外出張中にケガをした場合、どんな補償を受けることができますか。**

 労災保険による補償と慰謝料の請求が考えられます。

　労働者の業務上の死亡、負傷、疾病などの労働災害に対する補償制度のうち、労災保険の給付の対象となるのは、「業務災害」と「通勤上の災害」です。労働者が就業時間中に、命ぜられた場所で、命じられた仕事を行っている際に被害にあった場合には、業務災害となることは当然ですが、作業の準備中、休憩時間中、運動会・花見・出張中などの場合でも、業務との関連により業務災害と認められる場合もあります。業務災害に関する保険給付としては、①療養補償給付、②休業補償給付、③障害補償給付、④遺族補償給付、⑤葬祭料、⑥傷病補償年金、⑦介護補償給付があります。また、会社が安全配慮義務を怠ったために、労働者が損害を被った場合には、労働者は会社に損害賠償を請求することができます。

　会社から命じられて海外出張に行った場合、通常は業務災害が認められると考えられます。

　たとえば、現地で暴動等に巻き込まれケガをした場合、療養補償給付の労災認定手続きが可能です。その他、治療中は働けないので、休業補償給付の労災認定手続きもできるでしょう。もし会社側が、現地で暴動が起こっているのを知っていて出張させたような場合、会社の安全配慮義務違反の問題が生じます。その場合、

安全配慮義務違反を根拠として、会社に慰謝料の支払いを求めることができます。

なお、日本の労災保険は属地主義（日本で発生した災害だけを対象にすること）をとっているため、海外の支店や現地法人などに派遣されて働く労働者には、国内の労災保険は適用されないのが原則です。海外勤務者で適用を受けることができるのは、出張中の労働者だけです。海外派遣の場合、通常の国内の労災の適用は受けられないため、「海外派遣労働者の特別加入」が必要になります。「海外出張」と「海外派遣」のどちらに該当するかについては、社内での言葉の使い分けや、海外滞在期間の長短は判断基準とはなりません。

「海外出張」とは、単に労働の提供の場が海外にあるにすぎず、国内の事業場に所属し、その事業場の使用者の指揮に従って勤務することをいいます。そして「海外派遣」とは、海外の事業場に所属し、その事業場の使用者の指揮に従って勤務すると定義されています。結局、勤務の実態によって総合的に判断されることになります。

■ 出向・派遣・海外出張・海外派遣と労災適用

出向	出向元に籍を残す場合（在籍出向）と、出向先に籍を移す場合（転籍）がある	出向先の労災保険が適用
派遣	派遣元に籍を置きながら派遣先の指示・命令で働く	派遣元の労災保険が適用
海外出張	労働提供の場は海外だが、身分は国内の事業場に属し、その使用者の指揮に従って勤務する場合	国内の労災保険が適用
海外派遣	身分が海外の事業場に属し、その使用者の指揮に従って勤務する場合	国内の労災保険が適用 ※「海外派遣労働者の特別加入」が必要

Question 6 重大なプロジェクトを任され、連日のように残業と休日出勤を繰り返し、精神疾患を患った場合、どんな要求をすることができますか。

労災認定される場合や、安全配慮義務違反で訴えることができる場合があります。

　近年、うつ病などの精神疾患にかかる人が増加しています。うつ病を発症する原因は様々ですが、仕事のストレスや職場の人間関係などが原因となることも少なくありません。

　うつ病などの精神疾患を発症した時に、その精神障害が労働災害として補償されるのかが、裁判で争われることもあります。

　精神疾患と業務との間の因果関係については、厚生労働省が判断基準として「心理的負荷による精神障害の認定基準」を作成しています。この判断基準では、労働者に発病する精神障害は、業務による心理的負荷、業務以外の心理的負荷、それぞれの労働者ごとの個人的要因の3つが関係して起こることを前提とした上で、次の①〜③のすべての要件を満たすものを業務上の精神障害として扱うとしています。

① うつ病や不安障害などの対象疾病を発病していること
② 対象疾病の発病前おおむね6か月の間に、業務による強い心理的負荷が認められること
③ 業務以外の心理的負荷及び個体側要因により対象疾病を発病したとは認められないこと

　②の業務による心理的負荷の強度の判断にあたっては、精神障害発病前おおむね6か月の間の出来事やその後の状況をふまえ、

心理的負荷の強度について、認定基準の「業務による心理的負荷評価表」を指標として「強」「中」「弱」の3段階に区分します。

● **会社に安全配慮義務違反がある場合の損害賠償請求**

会社には、事故や過労死などを防止するために職場環境や労働条件などを整備する義務があるのと同様に、労働者が労働によって精神的な疾患を発症することがないよう、メンタルヘルス（心の健康を保つこと）対策を練り、安全に配慮する義務があります。

会社がメンタルヘルス対策を怠ったために、うつ病になったといえるような場合には、安全配慮義務違反として損害賠償を請求することができます。

また、精神疾患を発症すると、医師から十分な休養を取るよう勧められ、場合によっては「休職」という措置をとることになります。休職する場合にはその後の生活や復職について考えておかなければなりません。会社から、精神疾患を理由に休職した労働者に対する支援がどのように行われるかも確認しておく必要があるでしょう。

■ **心理的負荷の強度についての強・中・弱の区分**

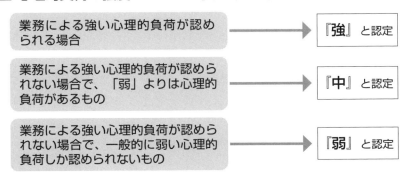

過労死した労働者について、遺族が労災の請求や損害賠償請求を求めることはできるのでしょうか。

一定の要件を満たせば、労災の請求や会社に対する損害賠償請求も認められます。

　長時間労働や激務などによって疲労が蓄積したために、脳血管障害や心臓疾患などの健康障害を起こして死亡することを過労死といいます。労働者が業務上、ケガをしたり病気に罹った場合、労働災害として、労災補償を求めることができますが、過労死についても一定の要件を満たした場合には、労災補償の対象になります。具体的には、過労死が業務上の災害と認められるためには、脳血管障害や心臓疾患が業務に起因して生じたことが必要です。そして、業務に起因したと認められるためには、業務上の様々な状態が原因となって発病したことが、医学的に明らかに認められなければなりません。

　労働者の死亡が業務上の災害と認定された場合、通常、会社がこれを防ぐ措置をとっていたかが問題となります。これを安全配慮義務といい、労働関係の法律では、使用者（会社）の安全配慮義務を明文で定めています。会社側が業務上の災害を防ぐ措置を何もとらず、防止措置を怠っていた場合、過労死した労働者の遺族は会社に対して損害賠償請求をすることができます。遺族としては、「労災請求が認められるか」「会社に対する損害賠償請求が認められるか」といった具体的な事情を基に検討してくことになります。

Question 8 在籍出向中に出向先でケガをした場合、出向元と出向先のどちらに責任を問えばよいのでしょうか。

出向先に労災申請を行い、損害賠償請求も可能です。

　まず、安全配慮義務とは、使用者（会社）が具体的な労務指揮または機械、器具などを提供するのに伴って、労働者の生命や健康に被害が発生しないように配慮すべき義務のことです。

　出向先と出向元がある場合、この安全配慮義務は、出向元が第一次的に安全配慮義務を負うことになっています。しかし、出向先も出向者と直接の雇用関係にはないものの、具体的に労務を指揮し、機械や器具を提供しています。したがって、出向先の会社も出向社員に対して、安全配慮義務を負うとされています。

　出向元が出向先の安全配慮義務違反を知らなかった場合、出向元には安全配慮義務違反はなかったものと考えられます。

　そのため、債務不履行（契約違反）と不法行為（わざと、あるいは不注意で相手に損害を与えること）のいずれか、または両方を根拠として、出向先に損害賠償を請求することになります。

　また、仕事中に負ったケガの場合、会社に労災（労働者が仕事や通勤中に負った事故について費用を支出してもらえる制度）申請を求めることが可能です。出向社員の場合、出向先と出向元のどちらに労災申請をすればよいかが問題になりますが、労務に服している会社で労災保険に加入するという取扱いがありますので、出向先の企業に労災申請をすることになるでしょう。

 **長時間労働によりうつ病を発症した息子が自殺しました。せめて、会社の責任を問いたいのですが、認められないのでしょうか。**

 会社がうつ病の悪化を防止するための措置を講じていない場合、責任を追及できます。

　会社は、従業員が働きやすい環境を作る義務や従業員の健康に配慮する義務を負っています。そのため、会社は、従業員が病気にかからないような措置を講じる必要があります。つまり、会社は従業員がコンスタントに長時間労働に従事し、健康状態が悪化していることを認識していれば、その負担を軽減させるための措置を採る義務があり、この措置を怠って従業員が仕事をする中で病気にかかったり、あるいは死亡した場合には、監督過失があるとして民法715条（使用者責任）に基づく損害賠償責任を負います。

　たとえば、残業が増えたことや、上司に厳しい言葉をかけられていたことがうつ病の原因の場合には、会社として労働者がうつ病にならないように、これらの原因を取り除く必要があるといえます。また、定期検診などでうつ病に罹患している事実が判明した場合には、会社は労働者の健康に配慮して、うつ病の悪化を防止するための措置を講じる必要があります。

　会社が、労働者がうつ病にかかることを防いだり、うつ病による自殺を防ぐことができたにも関わらず、義務を果たしていないケースであれば、労働者の遺族は、会社に対して損害賠償請求をすることができるでしょう。

Question 10 社内会議中、口論からケンカになりケガをしたのですが、相手だけでなく会社に対して損害賠償請求をすることは可能でしょうか。

職務行為と関連性はあるため、ケンカの発生が予見可能であったのであれば、会社に損害賠償請求することは可能です。

　使用者は、従業員が事業の遂行をする上で第三者に加えた損害について、賠償責任を負うこととされています。社員の仕事につながる行為が不法行為であった場合は、会社に責任があります。ですから、社員が第三者に暴行を加えた場合、それが仕事と密接な関連があるものであれば、会社はその責任を負わなければなりません。自社内の社員であってもこの「第三者」には含まれますから、結果的には社内での不法行為にも適用される可能性はあるわけです。会議における口論は、職務行為から発生していますから、仮に私的な事情が原因で争いに発展したとしても、一応時間的、場所的に、また動機としても、当初の職務行為と関連性があるといえます。したがって、ケガをした社員は、過失相殺（賠償額決定の際に被害者の落ち度を考慮し、減額すること）が問題となるものの、法律上は会社に損害賠償を請求することができます。

　ただし、両者が顔を合わせれば常に口論をし、暴力沙汰に発展することが予見可能であったかが問題となります。このような事情があれば、会社は両者の接触を避けるなどの結果回避義務があります。会社が会議の出席者や議長（監督者）選任などに相当の注意をしていれば、会社に責任追及することは難しいでしょう。

銀行員ですが、勤務先に強盗が入ってケガをしました。会社にも責任はないのでしょうか。

安全配慮義務違反があったといえる場合には、会社に対して損害賠償請求をすることができます。

使用者は、従業員が仕事をする上で生命や身体などが危険にさらされないように保護する義務、つまり安全配慮義務を負っています。

もし使用者が安全を配慮する義務に違反したために社員がケガをしたり病気になったり、死亡したりした場合には、会社は債務不履行として損害賠償責任を負います。

使用者の安全配慮義務違反を判断するには、配慮が充分でなかったことと、第三者による加害行為との間に相当因果関係（加害行為と被害との間に「原因と結果」の関係があり、その行為から被害が発生するのも無理はないという関係）があるかどうかが問題となります。

まず、勤務先の配慮、具体的には防犯設備が十分だったかどうかが問題となります。そして、銀行の場合、泥棒・強盗などに狙われやすく、万が一行員がその場に居合わせた場合には、行員に危害が及ぶおそれがあることは簡単に想像できます。

したがって、勤務先の防犯設備が不十分であったと考えられる場合には銀行に安全配慮義務違反を根拠に損害賠償を求めることができます。

名ばかりの管理者で実情が一般社員と変わらない場合、残業代はもらえますか。

名前だけの管理者は一般社員と同様に処遇される権利を有しているといえます。

　管理者は、仕事をする上で時間の使い方が任されており、法律で定められている労働時間、休憩、休日の規定は適用されません。ですから、一般的に管理者はタイムカードなどを打刻する必要性がなく、遅刻も早退も、残業の記録も残しません。当然、時間外賃金ももらわないのですが、代わりに管理職としての手当が支給され、そこに時間外手当分の賃金を見込んでいるのが普通です。

　管理者とは、労働基準法41条2号では、「監督もしくは管理の地位にある者」とされています。名前だけ「長」がついていても、権限がなく、賃金なども一般社員と同様で、時間外賃金を払いたくないために「長」の位を与えられたような者を、管理者として扱うのは適当ではありません。

　たとえば、社員を昇格させ「係長」という名で、管理職者として、割増賃金の支給対象者から除外しても、実態は一般の社員と変わらないような場合、就業規則を改め、当該社員に割増賃金を支払う必要があります。裁判で争われたケースの1つとして、日本マクドナルドの直営店の店長という立場が、残業代が支払われない管理職にあたるのかどうか争われた訴訟があり、この訴訟では店長は管理職にはあたらないという判断がなされています（東京地裁、平成20年1月28日）。

職場の上司や一部の同僚から、いじめにあっています。リストラ目的であることはわかっているので対抗したいのですが、何か手段はあるでしょうか。

いじめの証拠を記録する一方で労働局のあっせんや労働審判などを利用してみるとよいでしょう。

　会社を辞めさせるためにいじめられる場合に限らず、納得できない時には退職願を出さないことが重要です。退職願を出してしまうと、後で退職の無効を争うことが大変困難になります。

　また、会社に対し、いじめを受けたことによる慰謝料請求やいじめをやめさせるように、内容証明郵便などで通知する方法も考えられます。有料となってしまいますが、弁護士などの専門家に依頼して出すと効果的な場合もあります。

　その上で、労働審判など裁判所を通した法的手段の利用も検討してみましょう。退職も考えている場合には、自分に有利な条件になるように交渉してみることも考えてみましょう。

　労働局に相談し「あっせん指導」してもらうという方法もあります。手順としては、机やロッカーを使用させないなど、一定の行為によるいじめの場合、その行為をやめさせるための仮処分を申し立てる、仕事を与えない、役職や能力に全く見合わない単純労働をさせるといったいじめの場合、就労請求の仮処分を申し立てるといったことが考えられます。

　この他、いじめについて不法行為に基づく損害賠償請求を行うのも１つの方法です。

会社を一方的に退職したところ、業務に重大な損失が出たという理由で損害賠償を請求されました。応じなければなりませんか。

使用者は社員が自由に退職するのを拒否できません。

　退職や解雇については、労働基準法や民法の規定が適用されます。契約期間の定めがあるケースでは、その期間が終了すれば労働者は、即日退職することができます。

　一方、契約期間が定められていない場合、退職時期はいつでも自由です。多くの労働者の契約は期間の定めのない労働契約ですが、この場合、労働者は退職したいという意思を使用者に伝えるだけで退職できます。使用者の承認は必要ありません。たとえ使用者が辞表の受理を拒んでも、2週間の経過によって退職の効力が自動的に生じます（民法627条1項）。

　使用者としては「その人が退職すると会社が困る」という場合であっても、慰留するなどして退職を思いとどまってもらうしかありません。法律や就業規則に基づく退職申入れに対し、会社が不当に社員を拘束したり、退職違約金を定めたり、退職した場合に賠償金をとるという契約を社員に強制するなど、退職を妨害するような行為は許されません。業務の都合に関係なく一方的に退職し、その結果損失が生じたとしても、労働者の退職は認められ、損害賠償も請求できないと考えられます。

ライバル会社に、部長をはじめ大量の従業員を引き抜かれたですが、被った損害について損害賠償請求できないのでしょうか。

ライバル会社の引抜き方法が不適切な場合、損害賠償請求が可能です。

　ライバル関係にあるA社とB社において、B社がA社から人材を引き抜くにあたり、A社の部長職にある者に働きかけた上で共に計画を立て、その部長が大量の従業員を説得して一斉に退職したというケースでのB社とA社部長の責任について考えてみましょう。取引社会は基本的に自由競争であり、会社間での有能な従業員のヘッドハンティングは、原則として自由です。ただ、いかに自由競争といっても何をしてもよいというわけではなく、社会的相当性から逸脱しない範囲内でなければなりません。このケースでは、B社はA社内部の人間に働きかけて、他の従業員まで一斉に退社させるという方法をとっています。これは、社会的相当性を逸脱した方法といえるでしょう。したがって、A社はB社に対して損害賠償請求を行うことができるものと考えられます。

　次に、A社部長の責任です。会社と雇用契約を結ぶ従業員であっても、職業を選ぶ自由はあるため、引抜きにより退社し、他の会社に転職することも原則として自由です。しかしこのケースでは部長という地位にあるにも関わらず、ライバル会社と計画したような形で他の従業員たちを説得し、一斉に退社させてしまっています。これは社会的相当性を逸脱した行為といえるでしょう。したがって部長に対しても損害賠償を請求することができます。

取締役の1人が同業のライバル会社を経営して、自社のお得意先などを奪っている場合に、損害賠償請求できるのでしょうか。

取締役の行為は、競業避止義務にあたるといえます。取締役に対して損害賠償請求ができます。

　取締役は、専門家として会社の経営をまかされた者です。しかし、会社との関係は委任関係であって、一般の従業員のような雇用関係ではありません。ですから、ある会社の取締役が、同時に別の会社の取締役に就任すること自体は、違法ではありません。ただ、取締役は経営陣の1人として、その会社の企業秘密や経営のノウハウ、顧客とのパイプなどを掌握しています。取締役がこれらの利点を利用して、別の会社で同じ事業をやると、会社に損害を与えることになります。そこで、会社法では、取締役が会社の営業の部類に属する取引をするには、取締役会の承認を得なければならないと規定しています。これを競業避止義務といいます。「会社の営業の部類に属する取引」とは、実際に市場において、会社と利害衝突する可能性のある取引をいいます。この義務に違反した場合、違反した取締役は、会社に対して発生した損害を賠償すべき義務を負います。ただ、この場合、損害額がいくらになるのかは計算が難しいため、会社法は違反した取締役が得た利益を、会社の受けた損害額と推定しています。このケースの取締役は、同業のライバル会社の経営に参加して、自社の取引相手を奪うような行為を行っています。競業避止義務に違反しているといえ、取締役に対して損害賠償を請求することができます。

Question 17 事業の失敗で会社に損害を与えてしまった場合、取締役は、会社や株主から損害賠償請求を受けることがありますか。

あまりにも不合理な経営手法が原因の場合、損害賠償請求を受けることがあります。

　取締役は、会社に対して様々な義務を負っています。その義務に違反して会社に損害を与えた場合、その取締役は会社から損害賠償を請求されます。しかし、取締役に対して会社が損害賠償を請求することは、実際にはあまり期待できません。そのような場合に、会社の実質的なオーナーである株主が、会社に代わって取締役の責任を追及することがあります。それが株主代表訴訟です。このように各取締役は会社の経営を株主から委任されており、取締役は経営にあたって善良な管理者の注意（通常、取締役に期待される程度の注意義務）をもって臨まなければなりません。ただ、常に経営がうまくいくとは限らず、経済状況は災害や国際的な情勢、国の経済政策との関係など、個人の力ではどうにもならない要素に左右されるのも事実です。そこでわが国では、当時の会社を取り巻く状況などから、経営者として合理的な判断を行っていたと判断される限り、結果として会社に損害を与えたとしても責任は負わない、とする考え方（経営判断の原則）が採られています。

　質問のケースでは、取締役が事業を失敗させても通常は損害賠償義務を負いませんが、あまりにも不合理な経営手法が原因である場合には、損害賠償義務を負う場合があります。

取締役として名前を貸しただけであっても賠償責任を負うのでしょうか。

賠償責任を負う可能性は十分にあります。

　株式会社の取締役には、代表取締役を監視する重要な義務があります。また、取締役会に出席する権利や、代表取締役でなくても、取締役会を招集する権利など、大きな権限を有しています。この義務や権限は、会社の経営には関わらず、ただ名前を貸している名目的取締役であっても同じことです。

　ところで、たとえば、代表取締役が、満期に落とせる見込みもないのに手形を振り出した場合、その行為により損害を受けた手形所持人は、当然に、代表取締役に対してその責任を追及できます。さらに、代表取締役の行為を監視する義務を負う取締役も、損害を受けた手形振出人に対して責任を負うとされています。取締役として、取締役会の招集を求めたり、自ら取締役会を招集したりして、代表取締役が不適正な業務執行をやめさせる責務があったのにも関わらず、それをしなかった責任を問われることになるからです。そして、判例では、この取締役の責任は、名前を貸しているだけの取締役であっても、免れることはできないとしています。ですから、代表取締役の独断による放漫経営により会社が倒産したような場合、名前を貸しているだけの取締役であっても、債権者から会社倒産による損害の賠償を要求されることがあります。くれぐれも、注意が必要です。

類似の商号を使われて減少した売上分の損害賠償を請求できるのでしょうか。

商号の登記をしていれば、損害賠償ができる可能性が高くなります。

　不正競争防止法では、需要者に広く認識された他人の商号と類似する商号を使用して、営業を行うことを不正競争と定義しています。また、不正競争により営業上の利益を侵害された者は、不正競争を行った者に対して、その侵害の停止を求めることができると定めています。さらに、故意又は過失により、不正競争を行い、他人の営業上の利益に損害を与えた者は、それを賠償する責任を負うと規定しています。

　他人の類似商号の使用により売上が減少しているとすれば、他人が不正競争を行っている可能性はあるでしょう。しかし、それに対する損害賠償を請求するには、その他人に故意又は過失があることを証明しなければなりません。ここで、請求者が商号の登記をしているかが問題となります。たとえばAがBに不正競争防止法違反を理由に損害賠償請求する場合に、Aが商号登記をしていない場合には、Bに故意又は過失があることを証明することは困難です。通常、BはAの商号を知らなかったと主張するからです。一方、Aが登記をしていれば、類似商号の使用者であるBがその使用前に請求者の商号を知っていたと推定されます（商法9条、会社法908条）から、その他人の故意又は過失の証明は容易です。したがって、賠償請求が可能になる確率が高くなります。

退任登記の済んでいない取締役も責任を負うのでしょうか。

退任登記をしていないことにつき、特別の事情がある場合には、責任を負います。

　会社法は、「取締役が辞任した後、その退任の登記がない場合には、その取締役は、登記記録を信頼して取引した第三者に対して、自身が辞任したことを主張できない」と規定しています。
　また、判例は、「辞任した取締役が、退任の登記をしないことについて、会社に承諾を与えるなどの特別な事情がある場合は、第三者に対して責任を負う」と判断しています。
　会社法は、取締役が退任した場合、会社に対して、取締役の退任登記をする義務を課しています。しかし、取締役の辞任による退任登記は、メリットが少ない上に費用もかかるため、会社が退任登記をしないことも多くなります。したがって、辞任した取締役が、辞任後に倒産した会社の債務を負わされるなど、不測の事態に巻き込まれる恐れがあります。
　ですから、会社が退任登記をしない場合には、まず、最初に内容証明郵便を利用して正式に登記を請求し、同時に、会社の債権者などにも、取締役の辞任した旨を通知しておきます。それでも、会社が応じない場合には、裁判所に「取締役退任登記請求」を申し立てます。これで勝訴判決を得れば、取締役本人が自分で退任登記をすることができます。こうしておけば、辞任した取締役に特別な事情があることは否定され、責任を負わずにすみます。

パート勤めをしているのですが、正社員と比較して不当な待遇を受けています。退職も視野に入れているのですが、会社に何か請求できないのでしょうか。

不合理な差別的労働条件を押しつけられた労働者は、損害賠償請求が可能です。

　パート労働法は、正社員（契約期間の定めのない社員）とパート労働者の均衡の考え方に基づき、事業主に、パート労働者の適正な労働条件の確保、教育訓練の実施、福利厚生の充実、その他の雇用管理の改善を図る措置等を講ずることを求めています。

　また、正社員と職務内容、人事異動の有無や範囲が同一で、無期労働契約を締結しているパート労働者について、正社員との差別的取扱いが禁止されています。基幹的・恒常的業務を担うパート労働者が、差別的待遇を受けないように配慮されています。

　正社員と同様の業務をしているにも関わらず、正社員と比較して不合理な労働条件が定められた場合、そのような労働条件の定めは無効です。不合理な労働条件を押しつけられた労働者には、無期の労働者と同じ労働条件が認められ、使用者に対して損害賠償請求が可能です。

●期間の途中での退職

　労働者側から、契約期間の満了時に更新を断ることは自由にできます。ただし、契約期間の途中で退職する場合には、やむを得ない理由が必要です。期間途中で勝手に退職したりすると、損害賠償を請求される恐れがあります。注意が必要です。

セクハラの程度があまりにひどく、落ち着いて仕事もできません。会社に責任はないのでしょうか。

会社にはセクハラ対策を行う義務があり、責任を負わなければなりません。

　会社内でセクハラが行われた場合、セクハラを行った本人が法的な責任を負うことは当然です。しかし、セクハラを防止できなかったことを理由として会社も責任を負うこともあります。そのため、従業員だけでなく、会社も職場内でセクハラが行われていないか注意をする必要があります。

　事業主は、職場において行われる性的な言動に対する労働者の対応により労働者が不利益を受け、労働者の就業環境が害されることのないよう、必要な体制の整備その他の雇用管理上必要な措置を講じることが義務付けられています（男女雇用機会均等法11条）。つまり、会社は法律上セクハラを防止する措置を講じる義務を負っているということになります。また、厚生労働省が発表している「事業主が職場における性的な言動に起因する問題に関して雇用管理上講ずべき措置についての指針」では、事業主が講ずべきセクハラ対策について措置の内容が紹介されています。具体的には、事業主は従業員に対してセクハラを防止する措置を講じていくことを明確に示すことや、セクハラを相談できる体制を整備することなどが必要であると記載されています。

　会社は、社内でセクハラ行為があった場合、民事上の責任として、使用者責任（民法715条）を負います。使用者責任とは、従

業員が不法行為により他人に損害を与えた場合に、使用者である会社などもその従業員と共に損害賠償責任を負うという責任のことです。セクハラは不法行為に該当しますので、セクハラにより被害を被った者に対しては、会社はセクハラ行為を行った者と共に被害者に対して損害賠償責任を負います。

また、会社は、従業員との労働契約に基づく付随義務として、従業員が働きやすい労働環境を作る義務を負っています。セクハラが行われるような職場は労働者にとって働きやすい環境とはいえないので、会社が労働契約に基づく義務を怠ったとして債務不履行責任を負う可能性があります（民法415条）。

さらに、会社は男女雇用機会均等法に基づく義務を負っています。会社内でセクハラがあり、厚生労働大臣の指導を受けたにも関わらずそれに従わなかった場合には、会社名が公表されます。

■ **被害者の加害者・会社に対する責任の追及**

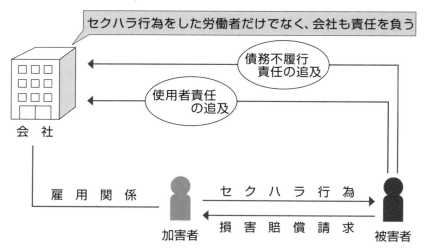

 **社内で退職に追い込もうとする様々な嫌がらせ行為が行われています。このような行為はパワハラにはあたらないのでしょうか。**

 退職に追い込もうとする嫌がらせ行為はパワハラになります。

　会社は、従業員を簡単に解雇することはできません。しかし、従業員側が自発的に会社を辞めようとする場合には、原則として自由に退職することができます。

　また、会社は従業員に退職を促すことができます。ただし、その場合でも、従業員に退職を強制することはできず、あくまでも従業員自身に退職を決断してもらう必要があります。もし、会社が従業員に退職を強制した場合には、退職が無効になり、会社に損害賠償責任が発生する可能性があります。

　よく問題になるのが、従業員の数を削減する必要に迫られ、退職勧奨をする場合です。「不要だからやめるように」などと直接退職を強制することはもちろんできません。ささいなことで強く叱責したり、「能力が低い」「辞めた方がいいんじゃないか」などと声をかける、仕事を全く与えないか、仕事を与えたとしても本来の業務とはあまり関係のないことをさせるといった行為によって、職場にいることを苦痛に感じさせ、退職に追い込むことも許されません。このような行為はパワハラ行為に該当します。被害を受けた従業員は、行為を行った上司はもちろん、会社に対しても損害賠償請求をすることができます。

息子が自殺しました。会社でのいじめが原因のようです。せめて会社の責任を追及したいのですが、認められるのでしょうか。

会社が従業員の就業環境について配慮していたかがポイントになります。

　会社が損害賠償責任を負うかどうか判断する際に考慮すべきことは、会社が従業員の就業環境について配慮していたかという点です。会社は、労働者が働きやすい環境を整える義務を負っています。いじめが行われている職場は働きやすい職場とはいえないので、労働者が働きやすい環境を整える義務の中には職場でのいじめをなくす義務が含まれています。

　たとえば、パワハラ相談窓口を設けるなどしていた場合、会社はパワハラやいじめをなくして労働者が働きやすい環境を作ろうと努力していたと考えられます。ただし、パワハラ相談窓口は設置しているだけでは意味がなく、パワハラやいじめの相談を受けた場合には綿密な調査を行ってパワハラやいじめの撲滅のために行動する必要があります。

　つまり、息子さんが会社でいじめを受け、パワハラ相談窓口に相談していたとしても、相談を受けた際に詳細な調査が行われず、その結果自殺を防ぐことができなかったのであれば、パワハラ相談窓口を設置していたことを理由に、会社が損害賠償責任をまぬがれることはできないということです。

　まずは内容証明郵便などで会社側の責任を追及し、会社側が認めない場合は提訴することも検討すべきでしょう。

 私は会社からの退職勧奨に応じなかった1人ですが、その後、自主退社に促すための実質的な「追い出し部署」に配属されました。どんな対抗手段をとればよいのでしょうか。

 不法行為として損害賠償請求することができます。

　会社が経営不振からリストラを敢行することになり、希望退職者を募ったり、人選して退職勧奨をすることがあります。いずれの方法でも、労働者が自ら退職に応じた場合は問題ないのですが、会社側がリストラをするからというだけで労働者に退職を強制することはできません。つまり、多くの労働者が退職を拒否すれば、リストラはなかなか進まないということです。このため、会社側は様々な手段を駆使して少しでも早くリストラを進めようとします。そのうちの1つが「追い出し部署」と呼ばれるところにリストラ対象の労働者を配属するという方法です。

　「追い出し部署」は、「キャリア開発室」「人材強化センター」などの名称をつけられています。仕事内容は資格取得のための勉強や求人情報の検索、履歴書作成などです。つまり、その会社を辞めた後の仕事を探すのが仕事というわけです。このような環境に置かれれば、多くの人は居づらくなって辞めてしまいます。

　会社側の露骨な退職強要に対抗するためには、まず証拠を集める必要があります。実際の業務内容を時系列でまとめる、上司との会話を録音しておくなどの方法が考えられます。実際には元の部署に戻ることは難しいかもしれませんが、それらの証拠を元に不法行為として損害賠償請求をすることは可能です。

会社の命令で業務に必要な資格を取得するための講座を受講しました。講座の費用は会社負担でしたが、退職時に費用を返還するように言われました。支払う必要がありますか。

損害賠償額や違約金を予め定める労働契約は禁止されています。

　結論から言いますと、返還に応じる必要はありません。

　会社側が講座費用の返還などの請求をしてくる場合、就業規則にそのような条項を定めていることを理由とすることが多いようです。たとえば「入社後1年以内に自己都合で退職する場合、受講した講座の費用を返還する」といった内容です。しかし、法律ではこのような規定を禁じています。

　労働契約では「労働者の自由と賃金の支払い」に関する保証をしなければなりません。労働基準法は、使用者が不当に労働者を拘束することのないように、あるいは労働者が働いて得た賃金を第三者が中間搾取しないように一定の規定を置いています。その中に、賠償予定の禁止があります。

　賠償予定の禁止とは、具体的には、契約違反などを理由として、労働者に一定額の違約金を支払うように定める、あらかじめ損害賠償額を決めておく、といったことを禁止しているということです。こうした規定があるのは、労働者が違約金を支払えないために、仕事を辞めることができずに、その会社に拘束されることを防止するためです。「退職する場合は講座の費用を返還すること」という条項は、賠償予定の禁止にあたります。したがって無効であり、費用返還に応じる必要はありません。

会社の自分用のメールを会社の管理職がチェックしていることがわかりました。会社が勝手に従業員のメールをチェックすることはできるのでしょうか。

メールチェックの理由や方法によっては問題となる場合があります。

　会社が、業務用に使うアドレスとして従業員にメールアドレスを付与することはよくあります。会社としては仕事のために使うアドレスとして従業員に付与しているわけですから、業務以外のプライベートな事柄で使用されることは想定していないのが通常です。また、会社の情報管理・情報漏えい対策の一環として、従業員に付与したメールアドレスでの送受信履歴やメール内容について確認する必要性はあるといえるでしょう。

　もっとも、確認や監視の方法によっては、従業員の権利侵害、擬態的には不法行為（プライバシー侵害）が問題となる可能性もあります。会社が業務用アドレスの使用履歴などを確認したことについて、不法行為を理由とする損害賠償請求が認められるためには、様々な事情を考慮して権利侵害の有無・程度を判断することになります。具体的には、確認の必要性、確認手法・程度、確認を行った者の役職や従業員との関係、確認の対象者の数・選定基準、従業員への事前通知の有無、従業員に生じる不利益の程度、といった事項を考慮することになるでしょう。請求が認められるかどうかはケース・バイ・ケースですが、確認の手法が行き過ぎであり、プライバシーが著しく侵害されたのであれば、会社に対する損害賠償請求が認められるということになります。

社内での飲み会の際、職場の機材を使って悪ふざけした写真をスマートフォンで撮影して投稿しました。酔った勢いでしたが、責任を問われることはあるのでしょうか。

労働契約法の誠実義務に違反し、損害賠償責任が生じる可能性があります。

　社内の飲み会での悪ふざけ写真をインターネット上に公開した場合、会社名が特定されてしまう可能性があります。社員が品位にもとる行動をしているということは、会社の社会的な信用を低下させ、取引先から取引を断られる、売上が減ってしまうなどの損害が発生するかもしれません。写真をインターネット上に公開したことが原因で、会社に損害が発生した場合には、損害賠償請求をされる可能性があります。労働契約法3条4項には、「労働者および使用者は、労働契約を遵守すると共に、信義に従い誠実に、権利を行使し、及び義務を履行しなければならない」と定められています。労働者には、使用者（会社）に対して誠実に行動する義務があり、使用者の信用を低下させたり、名誉を傷つけるようなことをしないということが求められています。社員が飲み会で悪ふざけをしているというのは、会社の信用や名誉を傷つけることだといえますので、労働者の誠実義務に違反する行為です。誠実義務に違反したために、会社の売上が低下したといった損害が発生した場合、使用者は労働者に損害賠償請求できますので、この場合も、会社に生じた損害について賠償しなければならない可能性があります。その他、解雇事由にあたる可能性、会社の名誉を棄損したとして、刑事責任を問われる可能性もあります。

第6章

近隣や日常生活を
めぐるトラブルと
損害賠償

隣家の屋根から雪やつららが落ち、盆栽が枯れたり、ケガの危険が生じています。注意を聞かない隣人Aさんに対し、損害賠償請求できますか。

盆栽の被害について、損害賠償請求ができます。雪やつららの落下は、雪止め工事を請求することになるでしょう。

　Aさんが注意を聞かないわけですから、あなたは裁判所に仮処分申請書を提出して、Aさんを呼び出してもらうとよいでしょう。あなたとAさんから話を聞いた裁判官は、早ければ2～3週間で決定を出してくれます。裁判官が出す決定は、たとえばAさんに対して一定の雪止め工事を命じ、Aさんが守らない場合、1日ごとに一定額の罰金の支払いを命じるといった形でなされます。仮処分をもらうには、保証金を供託（弁済などのために金銭や物品を一定の場所または人に預けること）する必要があります。その後、本裁判を提起して、仮処分が正しいことの確認を求めるとよいでしょう。本案訴訟で勝つと、仮処分のときに供託した保証金は全額戻ります。

　次に、盆栽が枯れたことについては、実際に損害が発生しているため、賠償を請求することが可能です。ただし、損害賠償額は、市場価格に及びません。裁判の際に、Aさんが、自宅の屋根から落下する雪による被害ではないと主張する可能性もあります。そのため、請求に先立ち、被害直後の状況を写真に撮るなどして、証拠を用意しておいた方がよいでしょう。被害がAさん宅からの雪の落下によるものであるという証明ができれば、勝訴できるでしょう。

 **隣地や隣室の騒音に悩まされているのですが、どんな場合に損害賠償請求や差止請求が認められるのでしょうか。**

 騒音の程度が通常我慢するべきと考えられている範囲（受忍限度）を超えている場合、損害賠償請求や差止請求ができます。

　民法では一般的に、他人から損害を加えられた人は、不法行為に基づき損害賠償請求をすることができます。交通事故によってケガ（損害）をした場合などが典型例で、被害者が加害者に対して、損害賠償を請求することが考えられます。しかし、その損害がここで問題となっているような騒音である場合には、少し事情が異なります。というのも、騒音などは社会生活上、多かれ少なかれ必ず発生するもので、騒音を発生させると、即、不法行為となると考えていては、およそ社会生活は成り立ちません。そのため、騒音を理由に損害賠償を求めることはできないとも考えられます。しかし、判例や学説では、日常生活上必ず発生する騒音などであっても、その騒音などが、お互いに我慢するべき範囲（受忍限度）を超えている場合には、不法行為となり損害の賠償を求めることができると理解しています。また、騒音を出すことを止めるように働きかけても、一向に改善が見られない場合などでは、ときとして騒音の発生を差し止めることを求めることも可能であると考えられています。それでは、具体的な事情に照らして考えてみましょう。

●マンションやアパートの隣室からの騒音に悩まされている場合

　マンションやアパートは壁を隔ててすぐ隣家ですから、住民は近所に迷惑をかけないように騒音等を出さないという賃貸借契約や信義則上の義務を負っていると考えられます。そのため、隣室の騒音で悩まされている場合には、基本的には家主や不動産会社に相談して、騒音などを出すことを止めるよう働きかけることになるでしょう。もっとも、家主や不動産会社が協力しない場合には、損害賠償を求めることが可能となる場合があります。しかし、マンションやアパートなど集合住宅では、受忍限度が広いと理解されているため、損害賠償請求は最後の手段といえ、しかも賠償額も小さくなると言われています。そのため、子どものぜんそくを改善するために床をフローリングにしたことによって騒音が生じていると主張しても、受忍限度の範囲内であると判断される場合が多いでしょう。また、隣家の冷蔵庫のコンプレッサーなどから生じる騒音は、低周波騒音と呼ばれていますが、この場合も騒音を専門機関などが測定することで、受忍限度を超えているかどうか判断することになります。

●隣地や隣家がライブハウスなどの場合

　問題となっている隣地や隣家が、ライブハウスとなっている場合にも、受忍限度を超えているかどうかによって、損害賠償や差止請求ができるかどうか決まります。特に、環境基本法が定める騒音基準に違反する場合などでは、その他の事情と相まって受忍限度を超えていると考えられるときには、損害賠償や差止請求ができると考えられます。たとえば、ライブハウスから出される騒音が、騒音基準などや条例に違反している場合には、騒音を出す行為は不法行為に当たり、損害賠償や差止を求めることができます。

隣地の工事の振動がひどいのですが、どんな場合に損害賠償請求や差止請求が認められるのでしょうか。

工事等の振動が、通常我慢するべきと考えられている範囲（受忍限度）を超えている場合、損害賠償請求や差止請求ができます。

振動を理由に損害賠償を求めることができるかどうかは、騒音を理由とする損害賠償等と同様に、日常生活上必ず発生する振動などであっても、それが、互いに我慢するべき範囲（受忍限度）を超えているかどうかによって決まります。どんな損害が生じているのか、その地域の特徴、またはどのような状況で振動を生じさせているのかを相互的に判断する必要があります。受忍限度については、騒音の場合と同様に、日常生活上必ず発生する振動であってもその振動がお互いに我慢するべき範囲（受忍限度）を超えている場合には、不法行為となり損害の賠償を求めることができます（騒音については177ページ）。より具体的な事情に沿って検討してみると、質問のケースでは隣地の工事の騒音を問題としていますが、たとえば、地震などの災害に似ているような振動が発生するなど、絶え間なく小刻みに揺れている場合などは、受忍限度を超える不法行為であるとして、損害賠償を求めることができます。なお、差止請求については、相手方の行動の自由を奪う性質の行為といえるため、容易に認めることはできません。このケースでも、損害賠償よりも受忍限度を超える程度が強くなければ、工事の中止請求は認められないといえるでしょう。

Question 4 工事中の隣家で、作業員のミスで落下した建築資材により自宅が破損しました。この場合、誰に対して、損害賠償請求を行えばよいのでしょうか。

Answer　ミスを犯した従業員に対してはもちろん、その他にも、使用者である建設会社や注文した建設会社に対して損害賠償を請求できる場合もあります。

　建築資材を落とした作業員には、民法の不法行為責任に基づいて、損害賠償を請求できます。また、作業員の使用者である建設会社にも特別に免責する事情がない限り責任が認められます。これを使用者責任といいます。自分の業務のために従業員を使って利益を挙げている以上、従業員が他人に損害を与えた場合には、その賠償をする責任があるからです。

　さらに、この工事が請負業者によるものである場合には、そのような業者を選んだ建設会社（注文者）に対しても、損害賠償を請求できる場合があります。本来は、請負業者は独立した業者であるために、注文者が生じた損害の賠償責任を負うことはありませんが、特に、注文者の指図によって工事が行われていた場合などには、注文者自身に過失があるといえます。

　このように、損害賠償を請求する相手として考えられる者は、資材を落とした本人、本人を雇っている会社、工事をする会社を選んだ建設会社などです。損害の内容としては、①損害箇所の修理に要する費用あるいはすでに修理した場合にかかった費用、②修理をする期間中転居しなければならなかった場合に生じた費用、③精神的ショックに対する慰謝料など、があります。

 新築した家で、夫婦共にシックハウス症候群による体調不良で悩まされています。建築業者に損害賠償を請求できるでしょうか。

 建築材料や換気設備に関して、建築業者が違反していた場合は請求が可能です。

　シックハウス症候群という言葉が使われるようになり、政府でも対策が考えられるようになりました。シックハウス症候群には、目の痛み、粘膜や皮膚の乾燥感、頭痛や呼吸困難、倦怠感といった様々な症状があります。建築物の床や壁、天井などに使われている建材や、家具や家庭用品などに使用されるホルムアルデヒドなどの有害な揮発性有機化合物、カビやダニなどによって室内の環境が汚染された結果、中に居る人に起きる症状で、新築時や建替時に多く発生します。

　建築基準法では、住宅の新築時やリフォーム時に使う建築材料に、有害物質であるクロルピリホスとホルムアルデヒドを使用することを禁止したり、大幅に制限しています。これらの物質は、けいれん、吐き気、目まい、アトピー、喘息、アレルギーなどを引き起こすためです。また、住宅に換気設備を設置することも義務づけています。

　したがって、まずは使用している建材についての詳細と換気設備について調べ、建築業者が法を守っているかを確かめましょう。違反していた場合には損害賠償を求めることになります。症状が出た場合には、すぐにホルムアルデヒドの濃度を測り、病院で診断してもらい、消費者相談センターに相談するとよいでしょう。

 **建物に日照をさえぎられる場合、日照権侵害を理由に工事差止めや損害賠償請求をすることはできるのでしょうか。**

 建物等による日照権侵害が、通常我慢するべきと考えられている範囲（受忍限度）を超えている場合には、損害賠償請求や差止請求ができます。

　民法で定める不法行為に基づく損害賠償請求や、差止請求が認められるためには、権利に対する侵害が必要です。殴られたことによって骨折した場合などのように、生命・身体に対する侵害は、権利に対する侵害があると理解することは、困難なことではありません。それでは、たとえば自宅の横に高層ビルが建って、全く日が当たらなくなってしまったような場合のような、日照妨害についても、これを権利の侵害ととらえることは可能でしょうか。日照権とは、一般に最低限度の日照を守るための権利であるといわれています。そして今日では、憲法25条が定める生存権の一環として、人格的な利益の１つであると考えられています。しかし、日照が妨害されれば直ちに不法行為が成立するわけではなく、その日照妨害が、互いに我慢するべき範囲（受忍限度）を超えているかどうかによって決まります。受忍限度を超えているかどうかは、個別のケースについて具体的に判断されます。裁判所は、主に法に定める日影規制に対する違反の有無、被害の程度、地域の特性、先住性、加害建物と被害建物の用途や性格などを総合して判断します。加害建物の用途や性格も、受忍限度を判断する際には重要な判断要素となる点に注意が必要です。受忍限度を超えて

いると判断された場合には、損害の賠償や、工事の差止を請求することができます。以下では、日照障害が問題となるいくつかの事例を、具体的に見ていきたいと思います。

・日照を遮っている建物が複数ある場合

たとえば、別々に建てられた3棟のビルによって日照がさえぎられている場合などが挙げられます。このケースのように1つの建物によってではなく、複数の建物によって生じる日影を、一般に複合日影といいます。複合日影は、1つの建物と比べて各建物による日影が重なり合う部分と、各建物が独自に作る日影の部分とがあり、日影の範囲が広くなります。日影による被害についての不法行為による損害賠償請求についても、複数の建物が複合した結果、被害が大きくなっていることが受忍限度を超えていると判断される場合に、それぞれの建物に対して損害賠償を求めることができます。

・日照権を侵害しているのが公共の機関である場合

日照の問題が発生しそうな原因となる建物が、市立の大学など公共機関の場合、民間人を相手にする場合と同様の対応をしてよいのかが問題となります。日照権は主張できますが、同じ日照被害を生じさせる私的で営利目的の建物と比べて、建築工事の差止請求などが認められる度合いは低いと一般的に考えられています。日照が妨害される場合、被害の程度が社会通念上の受忍限度を超えていれば、不法行為として損害賠償の請求や建築工事の中止などの差止請求ができます。

・日照権を主張する場所が商業地である場合

たとえば、自宅と店舗を兼ね備えた家屋の隣の店の店主が高層ビルを建てようとしている場合などが挙げられます。一般に店舗の受忍限度は広いといえますが、店舗と住宅を兼ねる建物は、実態が住居地域と変わらないため、住居等と同一の日照権を主張できます。

預かった子どもやペットがケガ・死亡した場合や預った物を傷つけた場合、責任を負うことはあるのでしょうか。

物を預かった人について契約上の義務違反があれば、損害賠償責任を負うことがあります。

「預ける・預かる」という契約を寄託契約といいます。預かった人（受寄者）は、無償の寄託契約では、預かった物に自分の物と同程度の注意をしないと契約に違反（債務不履行）したことになります。また有償の寄託契約では、受寄者はより高度な取引上の注意義務（善管注意義務）を負います。したがって、受寄者が預かった物を傷つける等すると、損害賠償責任を負うことがあります。

・**預かった子どもがケガを負ったり、死亡してしまった場合**

預かる対象が人である場合には、一般的な寄託契約よりも、預かる者の義務が高度になると理解されています。したがって、有償・無償に関わらず、子どもの様子や遊んでいる場所等について監視・監督を怠ったために、ケガをしたり死亡した場合には、債務不履行または不法行為に基づいて損害賠償責任を負います。

・**預かったペットが死んでしまった場合**

ペットは、法律上は物として扱われます。したがって上記の寄託契約の原則に従って損害賠償責任が生じます。

・**預かった届け物などを傷つけた場合**

特に事前に合意がなかった場合に、特に好意で物を預かっていた人は、事務管理者として、届け物の保管を怠り本人に引き渡すことができない場合には、損害賠償責任を負うことがあります。

近くにビルが建つ予定があり、家の窓から海が見えなくなる恐れがあります。日照の問題はありませんが、損害賠償請求可能でしょうか。

海が見えることを条件に住宅を購入したのであれば、業者に対する損害賠償請求が認められるかもしれません。

　眺望に関する法律はなく、率直にいって眺望を権利として主張することは困難であるといえます。
　判例によると、眺望を権利としてとらえることはできないものの、眺望を保護する必要がある場合には、一定の要件を満たしていれば認められるとしています。質問の場合、この一定の要件を満たしているかが問題となります。
　つまり、①眺める価値のある景観があること、②良い景色が眺められることがその場所の価値を決定づけていること、③良い眺めを保持することが周辺土地利用と調和を保つこと、④良い眺めを楽しむ者が、その場所の所有権や賃借権を持っていること、が必要になります。残念ながら、質問のケースの場合には、日照に問題はなく、また一般住宅ということですから、建築の差止めを求めることはほぼ不可能です。
　ただ、分譲業者に対しては、海が見えることが契約内容になっていれば、債務不履行を理由として損害賠償請求が認められる可能性はあります。

 **食品製造工場から発生する悪臭で、近隣の住民が病気や体調不良を訴えています。損害賠償請求は認められますか。**

 受忍限度を超える被害があれば不法行為となり、損害賠償請求できます。

　都道府県知事は、質問のような悪臭を防止するために、規制地域を指定し、生活環境を守るために必要と認められる基準で、悪臭の元となる物質の種類ごとに占める大気中の濃度などを定めています。

　あなたの街に漂う悪臭が、規制基準を超えている場合には、地方自治体の悪臭の問題を扱っている部署に申し出るとよいでしょう。具体的には、悪臭を発生させている食品製造工場に対して改善の勧告を出してもらうようにします。

　なお、悪臭は、嘔吐や頭痛をはじめ、病気の原因となったり、妊婦が流産するなど、人体に悪影響を及ぼすことがあります。健康上の問題だけでなく、食料品が売れなくなるなど営業上の損害も与えることがあります。健康上あるいは経済上そして精神上など様々な被害があり得るわけです。受忍限度を超えるような被害を被っている場合には、悪臭を排出する行為は不法行為となります。

　このケースでは、食品製造工場の近隣に住む住民が病気になったり体調不良を訴えるなど、通常の日常生活を送る上で受忍限度を超える被害が出ているといえますから、不法行為が成立し、損害賠償請求ができます。

10歳のＡ君が5歳の息子を滑り台から突き落としました。悪ふざけの癖があったＡ君の親に損害賠償と慰謝料を請求できますか。

親が監督義務を怠っていた可能性が高いため、全額請求できるでしょう。

　Ａ君がお子さんを滑り台から突き落としたことについてですが、ケガの治療費や慰謝料といった損害賠償をＡ君側に請求できます。金額については、あなたの息子さんとＡ君のどちらがどの程度悪かったかに応じて決まります。たとえば、息子さんにも3割程度悪い点があれば、実際に生じた損害の7割をＡ君側に請求できることになります。これを過失相殺といいます。ただ、Ａ君はあなたの息子さんより5歳も上で、滑り台から突き落としたわけですから、一方的にＡ君が悪かった可能性が高いといえます。したがって、あなたはＡ君側に対して、損害額を全額請求できます。しかし、Ａ君は10歳で、あなたの息子さんを大ケガさせたことによって生じた損害について、賠償しなければならないことを理解する能力がないといえます。結果として、あなたは、Ａ君の親に対して、損害賠償を請求することになります。

　Ａ君の親は、Ａ君の監督義務を怠ってはいなかったことを証明しない限り、損害賠償の義務を免れることはできません。日頃から悪ふざけをしたり、粗暴なところがあったにも関わらず、それをきちんと注意したり、他の子どもにケガをさせたりしないよう見守っていなかったのであれば、監督義務を怠っていたことになるでしょう。

隣家の住人の失火によって自宅が全焼したのですが、損害賠償請求が認められないことはあるのでしょうか。幼児の火遊びが原因だった場合はどうなるのでしょうか。

隣家の住人に、失火について故意や著しいほどの不注意がなければ、損害賠償請求をすることはできません。

　失火によって他人の家を全焼させた場合、不法行為に基づいて損害賠償責任が生じそうです。しかし、日本の家屋は木造が多く、延焼しやすい特徴があります。そこで、失火によって多大な損害賠償責任をすべて負わせるのは不都合だと考えられました。そこで、「失火の責任に関する法律」では、失火について、故意や著しいほどの不注意（重過失）がなければ、第三者に与えた損害について賠償責任を負わないと定めています。問題のケースでも、たとえ隣家の失火の延焼により自宅が全焼したものであっても、隣人に重過失があるかどうかによって、損害賠償責任を追及できるのかが変わってきます。重過失がある場合とは、布など燃えやすいものを火気に近づけておくことや、ストーブの近くにガソリン等を置いておいた場合などが挙げられます。

　なお、失火の原因が隣家の子どもの火遊びであった場合に、隣人に対して損害賠償請求をすることは可能でしょうか。判例は、子ども（未成年）が失火の原因となった場合に、失火によって損害を負った第三者に対して損害賠償責任を負うのは、子どもの監督について重過失が認められる場合であると考えています。重過失がない場合、隣人に対して失火に基づく損害賠償請求はできません。

公園の使用禁止になっている古いすべり台の階段が崩れて、子どもがケガをした場合、保護者が市に対して損害賠償を求めることはできますか。

保護者は市に対して、国家賠償法に基づいて損害賠償を請求できます。

　このケースにより細かい事情があったとしましょう。たとえばすべり台はかなり古くなっていて、危ないので撤去してほしいと市に要請したところ、「今年は予算がとれないので無理です。使用禁止の貼り紙をしておきます」と言われたという事情があったとします。そこで、保護者が市に対して、危険なすべり台によって子どもがケガをしたことに基づいて損害賠償請求を行ったとしても、市は使用禁止の遊具を勝手に使わせた親に監督責任があるといって、損害の賠償に応じない場合がありそうです。

　しかし、市などの地方公共団体には、所有する工作物（公の営造物）などについて市民が安全に使用することができるように管理する義務があります。そして国家賠償法では、「公の営造物が備えているべき安全性を欠く状態で設置や管理をしていた場合、過失の有無に関係なく、損害賠償義務を負う」と定められています。市営の公園についても同様で、ブランコやすべり台などの遊具を定期的に点検し、破損や欠陥があれば修理・撤去などの対応をしなければなりません。また、遊具そのものの点検を行っていて問題がなかったとしても、他の地域で事故が報告されているような場合には、安全を確保するために遊具を設置する位置や周囲の設備についても検討する必要があります。

今回のケースでは、市は、点検どころか市民からの要請があっても予算不足を理由に対応しないなど、管理義務を果たしたとはいえません。すべり台は、「公の営造物の設置または管理に瑕疵がある状態」であり、国家賠償法による損害賠償の対象になります。市は親の監督責任を指摘するでしょうが、判例では、たとえば、子どもがブランコを大きく横に揺らすような遊び方をするなど、遊び方が通常からかなり逸脱していたことが原因で起きた事故の場合には、管理側への責任を問うのは難しいと判断しています。

　しかし、今回のケースでは、たとえすべり台に貼り紙がされていたとしても、子どもが勝手に入り込んで使用することが一般的にも充分に予測できます。そのため、親の監督責任を理由に市が責任を逃れることはできず、ケガをした子の親は市側に損害賠償を請求することができます。

■ 危険性の高い遊具や使用方法を逸脱した遊び方による事故の場合…

ケース①
危険性の高い遊具を通常の方法で使用していた場合

・回転遊具で遊んでいたら飛ばされて近くのベンチに激突して大ケガをした
・他の地域で事故が多発していた

親の主張
ベンチを安全上問題のある位置に設置した地方公共団体が悪い

地方公共団体の主張
道具そのものの点検は行っていたから責任はない

結論
地方公共団体
→ 他の地域で事故が多発していた事実を重視して安全確保に配慮すべき
親
→ 損害賠償請求可能
ただし、使用方法についての指導が足りなかった（過失相殺）

ケース②
通常の使用方法を逸脱した遊び方をしていた場合

・ブランコを横に高く揺らして遊んでいたら近くの板に激突して転落し、死亡した
・板はボランティアが設置したものでもともとはなかった

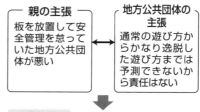

親の主張
板を放置して安全管理を怠っていた地方公共団体が悪い

地方公共団体の主張
通常の遊び方からかなり逸脱した遊び方までは予測できないから責任はない

結論
地方公共団体
→ 責任なし
親
→ 損害賠償を請求するのは困難

 留守中の預かり物を届けに隣家のАさんを訪問した際、飼い犬に咬まれてケガをしました。治療費について損害賠償請求はできますか。

 訪問者に事故が起きないよう配慮しなかった飼い主に過失があるので、損害賠償請求ができます。

　Аさんには、他人が訪問して通行することが予測される玄関先に犬が自由に走って来れるようにしている点で、飼い主としての管理に落ち度があります。Аさんは人に危害を加えるおそれのある犬をしっかりと鎖につながず、屋敷内で放し飼いにしています。このために、あなたに危害が加えられ、ケガをしたわけですから、当然Аさんには犬の飼い主として生じた損害を賠償する義務があります。預かり物を隣人に届けるのは通常よくあることです。Аさんは他人が自分の家にくることを通常であれば十分に予測できたのです。ですから、Аさんは、当然自分の屋敷内に訪問してくる人に対して飼い犬が咬みつくなどの不慮の事故が起きないよう配慮しなければなりません。

　あなたがケガをしたことについては、Аさんに過失が認められますから、あなたはАさんに治療費や慰謝料、逸失利益（休職中の給料など事故がなければ得られたはずの利益）を請求できます。

　なお、飼い主の不注意で、飼い犬が他人にケガをさせたときは、業務上過失傷害にあたる可能性があります。

　また、軽犯罪法上も、正当な理由がないのに飼い犬を解き放したり逃がしたりした場合には処罰されることがあります。

歩行中、突然、道路沿いの家の塀が崩れてきて、体にあたってケガをしました。損害の賠償は誰に求めればよいのでしょうか。

土地を占有している者に対して、損害賠償をすることができます。また借家であれば、場合によっては所有者に対して損害賠償請求をすることができることもあります。

　民法は、壁や塀など土地の工作物の設置や保存に、安全性を欠いている（瑕疵がある）ために、他人に損害を与えた場合には、工作物の占有者（事実上支配している者）が損害賠償責任を負うと定めています。このケースでは、塀が崩れてきてケガをした場合には、通常はその家の人に対して損害賠償を請求します。

　しかし、もしその家が借家で、所有者は実際にその家には住んでいない場合、責任追及できる相手は、その家の所有者でしょうか、それとも借家人でしょうか。

　この場合も、原則として占有者である借家人が、塀が倒れたことによる損害の責任を負います。ただ、借家人が塀に欠陥があることに気づくことができなくても仕方がないほど家を借りてから日が浅かった場合や、塀の欠陥に気づいた借家人が通行人に危険が及ばないように柵などをしていた場合には、借家人は責任を免れることが認められています。このような場合には、その家の所有者が責任を負います。なお、塀の欠陥についての過失がない場合であっても、所有者は責任を負うことになります。

お隣さんが溺愛している九官鳥の鳴き声に困っています。なるべく円満に対応したいとは思っていますが、損害賠償請求をすることも可能なのでしょうか。

損害賠償請求も可能ですが、訴訟以外での解決が望ましいといえるでしょう。

　マンションなどでは「魚、小鳥以外のペットを飼ってはならない」とする規約を設けている場合がありますが、このような規約がない場合であっても、他人に損害を与えるような動物の飼育には問題があります。地方公共団体の中にはペット条例を定めている場合があります。たとえば東京都の「東京都動物の愛護及び管理に関する条例」では、「異常な鳴き声、体臭、羽毛等により人に迷惑をかけないこと」といった規定があります。質問のケースでも、居住地域で条例が制定されていれば、その条例に従って行政に対応してもらうとよいでしょう。

　ペットの被害については、騒音などの被害と同じように、社会通念上の受忍限度を超えていれば、損害賠償の請求ができます。受忍限度を超えるものとしては、たとえば夜も眠れないほどうるさいといった状況があげられます。

　ただし、ペットの鳴き声などによる近隣トラブルについては、一般的に飼育することが相当とされる動物であれば、よほどひどくない限り、鳴き声を理由に法的な問題とするのは難しいでしょう。訴訟を起こしても、裁判費用や被った精神的苦痛のわりに認められる損害賠償額は少ないものです。このため、訴訟以外の行政指導や裁判外紛争解決機関での解決が望ましいといえます。

近所のAさんが、私が複数の男性と不倫しているという嘘の噂を流しています。名誉毀損として損害賠償をすることは可能でしょうか。

名誉毀損またはプライバシー（権）の侵害として、不法行為に基づく損害賠償請求をすることができます。

　民法は、他人の権利を侵害する行為が不法行為の要件であると定めています。そして一般的に、人の社会的な評価を下げる行為は、名誉を毀損する行為であるとして不法行為にあたると理解されています。このケースでは、近所に住むAさんが流した噂により、近所の人に白い目で見られるかもしれません。不倫をしているという内容の噂は、人の社会的な評価に関わる事柄であると考えられ、事実ではない噂を流すことは、名誉を毀損する行為にあたります。したがって、名誉毀損に基づく損害賠償請求ができるものと考えられます。

　また、民法に直接定められてはいませんが、プライバシー（権）の侵害と考えることも可能と思われます。プライバシー侵害とは、私生活上の事柄について、通常他人に知られたくないと思う内容であり、広く知れ渡っていない事を、みだりに公開することによって成立すると考えられています。このケースのように、配偶者のいる人が複数の男性と不倫しているという内容は、一般的に広く知れ渡ってほしくない内容であり、プライバシーに関する事柄であるということができ、Aさんの行為は、十分に人のプライバシーを侵害する行為であると考えることができます。

以上のように、でたらめをいいふらすAさんに対して、名誉毀損またはプライバシー（権）の侵害に基づいて、Aさんの悪口が原因で精神的な苦痛を受けたことについての慰謝料の支払いを求めて損害賠償請求をすることができます。それでも、Aさんが噂を流すのをやめない場合には、噂を流すことを差し止める、あるいは謝罪文の要求を求めるという手段もあります。

　なお、Aさんの行為があまりにも悪質であり、改善が見られない場合には、刑罰を与えてほしいと考えることがあるかもしれません。刑事上の名誉毀損罪は、告訴がなければ検察官は起訴できません（親告罪）。このため、名誉を毀損された被害者は、捜査機関に犯罪事実を申告して訴追を求める告訴を行う必要があります。このケースでは、最寄りの警察署に出向き、Aさんが噂を流したことを申し立て、Aさんの処罰を求める必要があります。

■ **名誉毀損による慰謝料を請求する通知書**

```
                                                              通知書

貴方は、平成○○年○月頃から私が複数の男性と関係を持っているかのような誤解を抱かせるような噂話を、私の自宅の近辺で流しているようです。しかし、右記のような話は全く事実無根であり、私の名誉を著しく毀損するものであって、到底許されるべきものではありません。

私は、貴方に対して、慰謝料金○○○万円の支払いを請求します。

もし、貴方がこれに応じないときは、法的手続きをとるつもりであることを念のため申し添えておきます。

　　　　　　　　平成○○年○月○日
　　　　　　　　東京都○○区○○×丁目○番×号
　　　　　　　　　　　　　　　　　　○○○○㊞

東京都○○区○○×丁目○番×号
　　○○○○様
```

第6章 ● 近隣や日常生活をめぐるトラブルと損害賠償

自分が営むＡ建設が不正をしたというでたらめな記事が週刊誌に掲載されました。発行元のＢ社に慰謝料請求はできますか。

Ｂ社側に不正が真実だと信じる相当の理由がある場合には、請求は難しいでしょう。しかし、何も根拠がない場合は、請求できる可能性もあります。

　結論としては、慰謝料請求は難しいだろうと考えます。どうして難しいのか、検討してみましょう。まず、週刊誌の発行元であるＢ社の記事ですが、一見Ｂ社の記事はでたらめで、Ａ建設がいかにも不正しているかのようなことを記事に掲載しているので、Ａ建設にとっては、とても迷惑なことですし、慰謝料も認められるだろうと思われがちです。

　しかし、記事を掲載したＢ社の方は、記事が真実でなくても、慰謝料を支払う義務がないとされることもあります。Ｂ社のでたらめな記事が、「公共の利益に関する事実に係ることで、もっぱら公益を図る目的でなされた場合で、真実だと信じる相当の理由がある場合」には、慰謝料請求はできません。つまり、Ｂ社が、Ａ建設に関する記事が真実と信じるにつき、相当の理由があれば、Ａ建設に慰謝料を支払う必要はありません。

　もっとも、Ｂ社が何の根拠もなく記事を書いたり、取材したことが明らかにでたらめで、全く真実でない場合は、慰謝料請求は認められることがあります。そのためには、Ｂ社が不正に関する根拠がないにも関わらず報道したということを証明する必要があります。

死んだ息子に関する事実無根の不名誉な記事が週刊誌に掲載されました。損害賠償請求はできるのでしょうか。

遺族の気持ちが侵害されたことを理由とする請求が可能です。

　「名誉」というものは、個人の感情的なものではなく、その人に対する客観的な社会的評価のことをいいます。そのため、たとえ死んだ人に対するものであっても、社会的評価を低下させる行為には、名誉毀損が成立するように思えます。しかし、実際の裁判例では、死んだ人に対する名誉毀損の成立は認めていません。死んでしまった人間には、権利侵害を主張する前提である人格権を認めることができない、ということが理由です。ただ、その人が生存中に名誉を毀損されて損害賠償請求権が発生していた場合は、遺族がその権利を相続し、請求をすることが可能です。

　死んだ人に対する名誉毀損が認められなくても、遺族だけがもっている権利・利益を侵害されたことを理由とした損害賠償請求は可能です。死者の名誉が毀損されることで、遺族の死者を敬う気持ちが侵害されるからです。

　ただ、いかに死者に対して尊敬する気持ちを抱いていても、それが遺族でなければ損害賠償請求は認められにくいでしょう。自分の大切な恩師の名誉を毀損されたという訴えに対して、その人を敬う気持ちは法律的に保護されてはいないとして、損害賠償請求を認めなかった裁判例があります。

恋人が有名スポーツ選手なのですが、一般人である私まで写真を隠し撮りされて雑誌などに掲載されています。プライバシー侵害を理由とする損害賠償請求は可能でしょうか。

プライバシー権の侵害として慰謝料を請求できます。

　まず、プライバシーの権利とは、誰でも、自らの私生活に関する情報をみだりに公表されないという権利のことです。プライバシー権には、容貌などを勝手に撮影されないという肖像権が含まれます。

　もっとも、肖像権といっても絶対無制約なものではありません。具体的には、犯罪報道に関連しての撮影で、容貌が撮影されたような場合には、容貌が撮影されたという肖像権侵害も公共の目的に基づくものであることから、不法行為責任が発生しないと考えられます。ただし質問のケースについては、有名なスポーツ選手と交際しているとはいえ、スポーツ選手の個人的交際を写真入りで報道することが、公共の利害に関係するかというと、疑問をもたざるを得ません。有名スポーツ選手との交際に関する情報は、公的な関心事とはいえず、週刊誌の読者の関心を惹くための行為と言わざるを得ません。

　以上のことから、公的な関心事でない情報収集活動の一環としての写真撮影による肖像権の侵害は、「知る権利」に基づく正当な取材活動とはいえず、不法行為責任が生じるといえます。したがって、あなたの場合は、写真を掲載した写真週刊誌に対し、肖像権侵害を理由として損害賠償請求が可能となります。

ウェブサイトの掲示板に、私に関する事実でない誹謗中傷が書き込まれています。違法な投稿の削除を求めたいのですが、誰にどのような請求をすることができるのでしょうか。

投稿者に対する請求とプロバイダに対する請求の双方を検討することになります。

　まずは、このような被害を与えた投稿者に対して、直接削除請求をしたり、損害賠償の請求をすることが考えられます。
　しかし、特定電気通信役務提供者の損害賠償責任の制限及び発信者情報の開示に関する法律（プロバイダ責任法）により、情報開示を受けられたとしても、相手方の特定には時間がかかりますし、特定できたとしても削除にすぐに応じてもらえるとも限りません。そのため、掲示板を管理しているプロバイダに削除を求めるなど、一定の要件を満たしている場合には、プロバイダに対しても損害賠償請求をすることも考えられます。プロバイダ責任法によれば、プロバイダが他人の権利が侵害された場合でそれを知っていたか、知ることができる状況にも関わらず、その防止をしなかったときは、自らが書き込みをしたわけではなく、放置していただけにすぎないとしても、責任を負うことになっています。
　以上のことから、本例では、投稿者が特定できていれば投稿者と、プロバイダにも削除請求をします。少なくともプロバイダは、これによって、他人の権利が侵害されていることを知ったことになるからです。ですから、削除請求には、名誉毀損にあたると考えられる資料なども送付するとよいでしょう。そして名誉毀損による損害の賠償請求をするという対処もできると考えられます。

酔っ払いにケンカをふっかけられた場合、損害賠償請求は可能でしょうか。攻撃をかわすために相手にケガをさせた場合はどうなりますか。

不法行為に基づいて請求が可能です。正当防衛となる場合もあります。

　身体の平穏を害する暴力を人に対して使用すれば、刑法の暴行罪が成立します。また、軽犯罪法によると、他人の身辺に群がって立ち退かない者や、他人の進路を立ちふさいだ者、不安や迷惑になるやり方で他人につきまとった者は、処罰されます。さらに、「酒に酔って公衆に迷惑をかける行為の防止等に関する法律」によると、酔っ払った人が道路や公共の場所、乗り物などで、公衆に迷惑をかけるような著しく粗野な言動や乱暴な言動をしたときにも処罰されます。民法上は、故意や過失によって人の権利を侵害した場合、侵害した者には不法行為に基づく損害賠償責任が生じます。したがって、実際にケンカをふっかけられた場合には、すぐに警察に通報して、さらに損害を受けた場合には不法行為に基づく損害賠償を請求するとよいでしょう。

　また、攻撃を避けるために逆に相手にケガをさせた場合でも、正当防衛が成立する可能性が高いでしょう。①相手による不法行為があり、②その不法行為から自分か第三者を守るための防御であり、③もっと簡単な方法で避けることが難しい状況であり、④防衛が過剰ではなかった、という条件がそろえば正当防衛が認められます。この場合、相手に発生した損害について賠償責任を負うことはありません。

友人がちかんの被害に遭いました。犯人はその場で捕まったのですが、電車に乗ろうとすると、記憶がよみがえり、足がすくみ、動悸が激しくなるそうです。慰謝料請求はできるのでしょうか。

ちかんの場合の慰謝料は示談交渉により決定します。

　犯人が捕まっているということですから、直後に駅事務室で事情聴取があり、犯人は警察署に連れて行かれていると思います。
　問題はこの際、その犯人が容疑を素直に認めたかどうかです。犯人が犯行を否認した場合、警察で最大48時間、検察で最大20日間と身柄拘束されており、慰謝料請求をしても応じないケースが多いでしょう。つまり刑事上も民事上も裁判によって決着しなければならないことを意味します。これに対して犯人が素直に犯行を認めている場合は、犯人に弁護士がついていると考えられますので、弁護士から被害者に連絡が入るはずです（事前に警察や検察より、弁護士に連絡先を知らせてもよいか確認があります）。この際に弁護士から「示談をしたい」という意思表示がなされます。場合によっては一度会って話がしたいと提案されることもあります。この示談交渉によって、被害者に対する慰謝料額が決定することになり、通常30〜50万円、高額となっても100万円程度となることが多いようです。ただし、示談書に「被害届を取り下げる」や「刑事処罰を望まない」といった文言が記載されているかどうか、という点には注意する必要があります。被害者が心から犯人の処罰を望む場合は、示談に応じず、法廷で裁かれるのを見届けるという選択肢もあります。

ちかんの犯人に間違えられましたが、後日濡れ衣だと判明しました。一方的に騒ぎ立てた相手の女性に慰謝料を請求できるでしょうか。

女性の明らかな不注意による場合や示談金目的などにより犯人にされたような場合であれば慰謝料を請求できる可能性があります。

　実際にちかん行為をしていなくても一度ちかんと言われてしまうと、身の潔白を証明するのはなかなか難しいものがあります。一般的に物的証拠がほとんどない場合が多く、被害者の証言のみで犯人にされてしまう事も数多くあります。

　また、一度犯人とされてしまうと長い期間身柄を拘束される事になり、仮に無罪が証明されたとしても身柄拘束により受ける財産的損害や精神的損害は小さいものではありません。

　そこで今回のようなケースでは、女性の明らかな不注意でちかんと間違えられた場合や女性が初めから示談金目的などによりわざとちかんの犯人にしたような場合であれば慰謝料を請求できる可能性があります。しかし、このような女性の明らかな不注意や示談金目的などを証明するのは簡単なことではなく、当時の現場の状況や、被害者との距離関係などの様々な状況から判断する必要があります。

　このような、ちかんの犯人に間違われた事による慰謝料請求の他にも、女性がちかんの噂を広めてしまい名誉が傷つけられたような場合に精神的苦痛を受けたとして損害賠償請求をする事ができる場合があります。

電車の中で、スマホで盗撮され犯人に逃げられました。どんな対抗手段がありますか。損害賠償や慰謝料を請求できるものなのでしょうか。

まず駅員や警察に相談し被害の状況などを説明しましょう。そして犯人が特定できれば損害賠償や慰謝料を請求する事もできます。

　電車の中で盗撮する行為は、各都道府県が定める迷惑防止条例で罰せられる犯罪です。実際に有罪判決を受けた事例も数多くあります。しかし、犯人が逃げてしまったような場合、被害にあってから時間が経ってしまうと犯人を特定する事が難しくなりますし、盗撮された画像も悪用されたり削除されたりする可能性があります。また、犯人が特定できなければ損害賠償や慰謝料も請求する事ができません。そこで、被害に遭ったらすぐに駅員や警察に相談し、犯人が逮捕されやすくなるような対応をとる必要があります。

　駅員や警察に相談する際は、被害にあった場所や時間帯、犯人の特徴や犯行の方法などの具体的な被害の状況を説明する必要があります。被害の具体的な状況を説明することにより早期の犯人逮捕につながる可能性も高くなります。

　そして、犯人が特定できれば盗撮行為により精神的苦痛を受けたことについて損害賠償や慰謝料の請求をする事ができます。

　仮に、盗撮画像が流出したり悪用された場合などは、さらに精神的苦痛を受けたということでその分損害賠償や慰謝料の金額を増額できる場合もあります。

Column

旅館で盗難にあった場合の旅館に対する賠償請求

　旅館や飲食店などの駐車場で、駐車していた車や、車に積んである高価な品物が盗まれたといったトラブルがたびたび問題となります。

　旅館、ホテル、飲食店、浴場のように、多数の客が集まる場所を商法上「場屋(じょうおく)」といいます。これらの経営者は商人なので、民法よりも商法が適用されます。旅館などで客が所持品を預けた場合、経営者は特別な責任を負うことを商法は規定しています。

　まず、客から預かった所持品を紛失した場合には、それが不可抗力によることを証明しない限り、経営者は損害賠償の責任を負います。不可抗力とは、どんなに注意を払っても結果を避けることができないことをいいます。つまり、商人には客から預かった所持品の紛失について、厳しい責任が課せられているといえます。

　ただ、この責任には特別な規定があります。それは、高価品については、客が預けるときにそれが高価品であることを告げていなければ、経営者は責任を負わないということです。高価品とは、手形・小切手・株券といった有価証券や、指輪のように大きさに比べてその価値が高価であるものをいいます。

　そこで、旅館の用意している駐車場に車を駐車していた場合の考え方ですが、通常はこのような場合も、旅館に対して車を預けている状態になります。ですから、車の盗難については、旅館の経営者は不可抗力であることを証明しない限り、損害賠償責任を負わざるを得ません。ただし、車の中に高価な品物や大金を積んだままにしていたのであれば、そのことをはっきり告げておく必要があります。これを怠っていた場合は、損害賠償の請求をすることはできても、過失相殺によりかなりの減額がなされます。また、場合によっては、全く賠償されないこともあります。

第7章

契約をめぐる
トラブルと損害賠償

当社Aが請け負うネット通販会社の受注がサーバーの故障で止まりました。サーバー販売会社Bに責任を負ってもらえますか。

通販会社からの損害賠償請求には、サーバーの管理者として応じなければなりません。A社自身に生じた損害については、債務不履行を理由にB社に賠償請求できます。

　結論からいうと、通販会社の損害について責任を負うべきはサーバーの管理をしていたA社です。商品受注の業務を行うという契約をかわしたのはあくまでA社です。たとえ受注が止まった原因がサーバーの故障というA社に責任がないことであっても、その業務を果たせなかったことは債務不履行と判断されるからです。

　一方、A社は故障したサーバーを販売したB社に、売買契約の不完全履行などを理由に修理箇所の修繕、新品との交換、場合によっては契約を解除して購入代金返還を要求するなどの責任追及をすることができます。ただ、追及できるのはあくまで、売買契約が不完全履行であったことから生じた損害のうち、相当な因果関係の範囲内にあるとされる損害に限られます。つまり、サーバーの故障によってA社に生じた損害が通常予想可能な範囲であったと言える場合には、A社はB社にそのサーバーを使用したことによって生じた損害についても賠償請求できることになります。一方、通常予想できない損害であればB社への請求は困難であり、A社が単独で通販会社からの損害賠償請求に応じざるを得ないでしょう。

 私の個人情報が信販会社から流出しているようなのですが、流出元や原因が明確に判明した場合、損害賠償請求は可能でしょうか。

 個人情報保護法違反を理由とする損害賠償請求が可能です。

　誰しも自分の個人的な情報は他人に知られたくないものですが、これらの情報は法律的にも保護に値するものだと考えられています。個人情報は、いわゆる「プライバシーの権利」の一部でもあります。プライバシーの権利は、私生活や個人についての秘密を保つ権利のことですが、現在では、個人的な自己の情報をむやみに目的以外のことに使用させない権利と捉えるようになっています。したがって、個人情報を収集して保有・利用したり、他者へ個人情報を提供したりすることもプライバシーの権利侵害ということになり得ます。

　また、個人情報保護法は、企業の顧客情報流出のトラブルなど個人情報が悪用されることを防止するために、個人情報の適正な取扱いなどについてルールを定めています。この法律で認定された事業者には個人情報を厳しく管理する義務が課されます。個人情報を無断で流出させることは、この義務に反して許されません。

　質問のケースの場合は、住所や氏名などと並んで信販会社を利用しているという情報が他者に流出していることになるため、信販会社の責任が明確になった場合、信販会社に対して、プライバシーの侵害であることを理由とする損害賠償を請求することができます。

利用人数が200人で個人情報取扱事業者にあたらない介護関係の事業者が個人情報を漏えいしたのですが、情報流出に伴う責任追及はできないのでしょうか。

個人情報取扱事業者でなくても、不法行為による損害賠償責任の追及は可能です。

　個人情報保護法の義務を負う事業者については、個人情報データベース等を構成する個人情報によって識別される特定の個人の数の合計が過去6か月以内のいずれの日においても5000人を超えない者は個人情報取扱事業者から除外されることになっています（個人情報の保護に関する法律施行令2条）。

　この団体は、利用者数が200人に満たないということですので、個人情報取扱事業者にはあたりません。

　しかし、親しい人にでも公表しないようなデリケートな個人情報が流出したようなケースの場合、民法上の不法行為に該当する可能性は高いでしょう。そのため、流出させた事業者が個人情報取扱事業者でなくても被害者は不法行為を理由に損害賠償請求することが可能です。

　なお、医療・介護関係事業者に対しては、経済産業省とは別に厚生労働省から「個人情報の適切な取扱いのためのガイドライン」が示されています。医療・介護関係事業者は良質かつ適切なサービスの提供が期待されています。また、患者・利用者からは個人情報取扱事業者に該当するかどうかの判断がつきにくいといえます。そこで、個人情報取扱事業者に該当しない規模の事業者でも、法令を元にしたガイドラインを遵守する努力を求めています。

 他人のサイトの素材を利用してホームページを作成したところ、違法行為だという指摘を受けました。「無断転載禁止」の記載はなかったのですが、問題なのでしょうか。

 「無断転載禁止」の記載がなくても損害賠償請求を命じられる可能性があります。

　小説や絵画、写真、図面などの著作物を作成した作者には、著作権が発生します。著作権とは、思想または感情を創作的に表現したもの（これを著作物という）について、複製・譲渡・貸与などの権利を有することをいいます。著作権を生じさせるためにどこかの役所に届け出るといった手続きをする必要はなく、著作権者には公表、譲渡、貸与などの権利が認められます。複製権もその権利の1つです。このように、著作権は自然発生的に生じる権利ですから、「無断転載禁止」などの記載がなくても当然に存在していると考えられ、無断でホームページに素材を流用するのは著作権法に違反します。したがって、サイトのオーナーが訴えを起こした場合、素材の使用料や慰謝料などの損害賠償請求を命じられる可能性があります。

　ただし、「転載フリー」「御自由にお使い下さい」などの記載がある場合は、著作権を放棄したとみなされるので、損害賠償などを請求されることはありません。また、著作権法の保護対象となる著作物とは「思想または感情を創作的に表現したもの」と規定されており、創作的とはいえないような作品については除外されますのでサイトオーナーの主張が正当なものかどうかを確認する必要があります。

私が考案したキャラクターの色合いを勝手に変更して文具品として製造・販売しているメーカーがあるのですが、色合いが変更されていると、損害賠償は認められないのでしょうか。

一部を変えたものであっても著作権侵害にあたるので、損害賠償請求が可能です。

　著作権は著作物についての複製・譲渡・貸与などの権利のことです。著作物の代表例としては、絵や小説、作曲した曲などが挙げられます。著作物を無断で使用したり、一部を変えたものを販売したりすることは、著作権侵害になるので、著作権を有している人から、著作権侵害による法的手段がとられることがあります。著作権侵害に対抗する法的手段としては、「差止請求」「損害賠償請求」「名誉回復措置請求」などの措置がとられます。また、著作権を侵害した人は、民法上の不法行為や、著作権法上の罰則を課せられることがあります。

　質問のケースの場合、メーカーが勝手にあなたの考案したキャラクターの色合いを変えた上で、文具品として製造・販売していますから、当然にあなたの著作権が侵害されているので、著作権侵害に基づく損害賠償請求ができますし、あなたの考案したキャラクターを使用しないように差止請求をすることもできます。損害賠償の算定については、侵害の内容、程度によって異なります。

　ただ、著作物の存在を知らずに、偶然に同一または類似作品が創作された場合は、著作権侵害となりませんので、無断複製について責任を追及する場合には、侵害者が著作物の存在を認識していたことを主張・立証する必要があります。

A社から取得したプログラムが、B社からの警告により盗用品だと発覚しました。賠償請求されるのでしょうか。

盗用品であることを、過失なく知らなかったのであれば、請求されることはありません。

A社から取得したプログラムが営業秘密である場合には、不正競争防止法との関係が問題とされます。企業の開発する技術情報を保護するために、産業スパイを取り締まることが目的です。不正競争防止法上の「営業秘密」として保護されるためには、「秘密として管理されていること」「事業活動に有用であること」「公然と知られていないこと」が必要です。

しかしA社から取得したプログラムが営業秘密に該当しても、実はA社がB社から盗んだプログラムであることを過失なく知らなかったのであれば、取締りの対象にはなりません。

また、今回のケースでは、B社より警告を受けて初めて事実がわかったのですから、盗んだ事情を知らないことに過失がなければ、差止請求や損害賠償請求は受けません。なお、A社が不正取得した事実をA社との契約の際に知らなかったのであればよく、後でその事実を知ったとしても、A社との契約で取得した権限の範囲内であればそのプログラムを使用することができます。

ただし、警告により営業秘密が不正取得であることを知った後に契約で定められた範囲を超えて使用したり、第三者に営業秘密を公開したりすると、不正競争防止法によって処罰される場合があります。

Ａ社が、当社製作のパソコンのデザインをマネた商品を製作し、安価で販売しています。責任追及はできますか。

偶然の一致ではなく盗用の場合は、差止・損害賠償請求ができます。

　Ａ社の行った行為は、「商品形態の模倣行為」にあたるかどうかが問題となります。「商品形態の模倣行為」とは、他人の商品の色彩、デザイン等の外観を盗用してこれと実質的に同一の形態を有する商品を作り出すことをいいます。

　すでに市場でよく売れている人気商品のパソコンと同じデザインで販売すれば、Ａ社はその人気に便乗することができます。これでは人気商品のマネをすればデザインの開発費用を節約できることになり、費用をかけてデザインを開発した企業の努力が報われません。

　しかし、偶然同一商品を製作販売していた場合には模倣とはなりません。模倣といえるためには、先行商品と類似している場合だけではなく、商品が全く同一でなくても実質的に同一であるといえる程に酷似していることが要件となります。

　今回の場合、あなたの会社が製作したデザインをＡ社が使用しているようですが、Ａ社があなたの会社のデザインを盗用していた場合は、不正競争防止法によって保護されます。しかし、Ａ社が偶然に同一の商品を製作販売していた場合は、模倣とはいえず、保護されません。責任追及の具体例としては、差止請求や損害賠償請求などが挙げられます。

新品のテレビが発火したことが原因で火事になり、家が全焼しました。テレビのメーカーに賠償請求できるのでしょうか。

通常の使用方法だったにも関わらず発火したということを証明すれば請求できます。

　民法上の不法行為責任を追及する場合、製品の製造過程でメーカーに過失があったことを、消費者側が証明しなければなりません。しかし、専門的な知識のない消費者がメーカー側の過失を証明することはとても困難です。そこで、被害者を救済するため製造物責任法（PL法）が制定されました。この法律によると「製造または加工された動産が通常有すべき安全性を欠いており、そのため他人の生命、身体または財産に損害を与えた場合には、製造業者などは損害を賠償する責任を負う」ことになります。被害者は、その商品が常識的に見た範囲で安全性を欠いていたという事実を証明すればよく、メーカーの過失まで証明する必要はありません。ただ、商品購入時の科学や技術によっては、欠陥の存在をメーカー側が認識できなかった場合には、メーカーは免責されます。このケースでは、「買ったばかりのテレビを通常の方法で使用していたところ発火した」という事実さえ証明すれば、家屋の全焼という損害に対して賠償責任を追及することができます。なお、製造物責任をめぐるトラブルは、訴訟ではなく民間のPLセンター（家電メーカーや住宅部品メーカーなどの業界団体が製品をめぐるトラブル解決のためにつくった組織）などを利用した方が、企業イメージや費用、時間の点で、双方にメリットがあるでしょう。

 会社でお弁当を注文し、それを食べた社員全員が食中毒になりました。弁当業者に損害賠償請求できるでしょうか。

 債務不履行責任と不法行為責任のいずれも責任追及が可能です。

　結論からいいますと、弁当業者に損害賠償請求ができます。

　弁当を食べた者全員が体調を崩したので、弁当に原因があると思われますが、実際に弁当を食べた者の症状が食中毒なのかどうかを、保健所の検査ではっきりさせる必要があります。食中毒であることがはっきりすれば、弁当業者に損害賠償を請求できます。

　損害賠償を請求する場合、債務不履行責任と不法行為責任が考えられます。まず、弁当業者自身が食中毒になるものを給付したので不完全履行となり、債務不履行責任が発生します。また、弁当業者は安全な食品を提供すべき義務を怠り、過失により食中毒を引き起こして身体の健康という他人の権利を侵害したため、不法行為責任も成立します。そのため、損害賠償を請求する場合、債務不履行責任と不法行為責任のいずれも根拠にすることができます。

　実際に請求する場合には、債務不履行責任の損害賠償の方が、時効期間が長いなどの点から有利です。

　なお、食中毒の原因となるものが、弁当の中の加工食品であった場合、製造物責任法による損害賠償責任を、加工食品の製造業者に請求することもできます。

建築業者に契約解除を申し出たところ、基礎工事に使用した材木の加工代を請求されました。手付金を放棄するだけではすまないのでしょうか。

相手が契約の履行に着手した後で契約解除を申し出る場合は、損害賠償も必要です。

　民法によると原則として支払った手付金は解約手付と推定され、手付金を放棄すれば買主は契約を解除できます。買主は、どんな理由であっても、手付金を放棄することで一方的に契約解除が可能です。この制度を利用すれば、契約締結後に気持ちや事情に変化が生じた場合でも取引をキャンセルすることができます。

　また、宅地建物取引業法によると、手付金の授受があると解約手付として扱われ、違約金の取り決めがあっても買主に不利なものは無効となります。このことから、確かにあなたは手付金を放棄するだけで、業者との契約を解除できそうです。しかし、民法の規定では手付金の放棄によって契約を解除できるのは、相手方が契約の履行に着手するまでとなっています。今回のようなケースでは、業者が実際に工事の準備に取りかかる前までとなります。これは、相手方の信頼を裏切って損害を与えてしまうのを防ぐためです。

　業者は基礎工事に使用する材木の加工をすでに行っており、これは履行に着手しているといえます。そのため、解約手付に基づく解除は認められません。それでも契約を解消したい場合には業者に生じた損害、質問のケースでは材木の加工代についての損害賠償が必要になります。

マイホームの購入後、しばらく経って雨漏り、壁の亀裂といった欠陥があることが判明しました。手抜工事が原因と思われるのですが、損害賠償請求の期間制限はあるのでしょうか。

新築住宅の基本構造部分については引渡しから10年間瑕疵担保責任を追及できます。

　欠陥（瑕疵）がある部分については、工事をした業者に無料で修理するように請求することができます。また、欠陥工事によりあなたが何らかの損害を被っている場合には、その損害について業者に対して賠償請求をすることができます。

　民法では、業者に無償で修理をするよう請求することができる期間として、建物の引渡しの時から木造などの場合は5年間（コンクリート造りの建物では10年間）と定めています。また、「住宅の品質確保の促進等に関する法律」によって、新築住宅については、その基本構造部分（土台、屋根、柱、床、壁など）に限っては、建物の引渡しから10年間は建築業者に無料で修理するように請求することができることになっています。

　したがって、質問のケースの場合は業者に対して、欠陥についての修理や追加工事をするよう請求します。それで業者側が自分には責任がないといって修理を拒否するようであれば、支払っていない代金がある場合はその代金を留保し、工事代金を減額させるか、あるいは他の業者に修理を依頼し、その修理代金を損害賠償として、欠陥工事を行った業者に請求するとよいでしょう。

ネットでおせち料理を注文しましたが、注文した商品とは違う料理が送られて来ました。損害を賠償してもらえますか。

売買契約に対する債務不履行なので請求できます。

　インターネットで商品を注文する場合も、店で直接買い物をする場合と同様、売買契約が成立します。注文した商品と異なるものが届いたら、それは債務不履行となるため、店に損害賠償請求することが可能です。
　もし、インターネットサイトの中に、「写真は実物と異なる場合があります」という表記があったとしても、それは「価値が同等で多少中身が異なる商品が届く場合がある」ということを言っているに過ぎません。それを見て注文した人は、全く異なる価格帯の商品が届くことは予想していないため、そのような表記があったとしても、店側の債務不履行となります。
　このような場合の購入者側の対抗手段としては、①契約解除をして弁当を返し、弁当の代金と損害賠償を請求する方法と、②弁当を食べた上で、注文した弁当と実際に届いた弁当の差額の損害賠償請求をする方法が考えられます。
　なお、ネット通販で商品を購入した場合、特定商取引法で定められているルールにより返品できるケースもあります。ただし、返品を不可とする特約を定めることも認められています。そのため、そもそもの商品購入時にサイトやパンフレットなどで、返品が認められている商品かどうかを確認するようにしましょう。

Question 13
結婚式のためにパーマをかけてもらいましたが、失敗して披露宴の予定を台無しにされてしまいました。美容室に賠償請求したいのですがどこまで認められますか。

特別な事情がある場合は、通常より高額な請求が可能かもしれません。

　美容室で自分の希望を伝えても、思い通りに仕上がらなかったということはよくあることです。しかし、希望の髪型というのは、お客の頭の中のイメージであり、それを美容師が完璧に再現するというのは無理です。仮に希望する髪型の写真を持って行ったとしても、頭の形や髪質の違いによって、全く同じ仕上がりにするのは難しいでしょう。美容室で注文をする際には、希望した髪型にしてもらうことに対してお金を払うという契約が成立しますが、多少のイメージの違いだけでは契約義務違反ということにはなりません。損害賠償請求の対象となるケースは、美容師がお客の希望を全く無視した髪型に仕上げた場合です。

　また、希望を無視したわけではないものの、結果的に失敗してしまうという場合もあります。実際に、パーマの失敗で髪がチリチリになり、カットをすることになった女性が、美容室を訴えたというケースがあります。質問について見ると、パーマの失敗について美容室に損害賠償請求が可能ですが、毛髪は時間の経過により元の状態に戻ることをふまえると、請求金額がそれほど高額にならない可能性はあります。ただ、このケースでは披露宴の予定を台無しにされており、この点について単にパーマが失敗しただけの場合と比べて高額の損害賠償請求が可能な場合もあります。

 ファミレスで仕事をしていた際に、運んでいた料理をウエイターがこぼしてノートパソコンが故障してしまいました。損害賠償はどこまで認められますか。

 お客様の利益が回復する程度の賠償を求められます。

　パソコンを故障させたのがウエイターでも、そのウエイターを雇っている店舗は使用者責任（民法715条1項）により、損害賠償責任を負うことになります。

　今回の場合、店舗はパソコンが壊れたことにより被害者が失った利益を回復させなければなりません。損害賠償責任の範囲ですが、物損事故の場合、壊れた部分を修理すればよいということになっています。仮にお客様が新品のパソコンを購入したいと言ってきたとしても、修理で利益回復が可能であれば、その要求は拒否できます。もし、修理が不可能な場合や、修理代金が高額で同種の中古品を購入した方が安いといった場合は、中古品の購入代金をお客様に支払うことになります。

　なお、パソコンの中のデータが消えてしまったという場合は、そのデータの復旧に要する費用も損害賠償の対象となります。重要なデータの場合、賠償額が高額になる可能性もあります。しかし、その一方でファミリーレストランという飲食物が提供される場所でパソコンを使用していたのですから、客側としても予めデータのバックアップをとっておくなど、アクシデントに備えるべきだったともいえます。個々のケースによりますが、客側にも過失があるとされ、賠償額の減額が認められる可能性はあります。

興味本位に会員制のアダルトサイトを見ていて、誤って登録ボタンを押してしまいました。登録料を支払わなければならないのでしょうか。

購入意思の確認がなかったのであれば、支払う必要はありません。

アダルトサイトにおける契約で問題が発生した場合、通常の売買契約と同様の規定が適用されます。売買契約において、購入するつもりがないのに間違えて契約をしてしまった場合、契約を申し込んだ人は錯誤に陥っていたといえます。錯誤とは、本人の頭の中の認識と、客観的な事実との間にズレが生じている状態です。たとえば、商品Aを買ったつもりが実際に買ったのは商品Bだったというような場合です。本人が商品Bを手に入れるためにお金を支払うということを認識して売買契約を結んでいないため、この契約は無効となります。しかし、錯誤に該当する場合でも、本人に重大な過失がある場合は、無効の主張はできません。今回のアダルトサイトのケースでも、申込者本人には間違えてボタンを押してしまったという過失があります。ただ、パソコンやスマートフォン上で、ボタンを押すつもりがないのに間違えて押してしまった、ということは多々あるため、それを重大な過失として錯誤無効を認めないというのは申込者にとって酷だといえます。そのため、電子商取引では特例が設けられており、事業者側が申込者に対して購入意思の確認を行っていない場合は、申込者は錯誤無効を主張できます。サイトの事業者から購入の意思確認を求められなかったのであれば、登録料を支払う必要はないでしょう。

ネットオークションなどで、「ノークレームノーリターンでお願いします」といった表示を見かけることがありますが、本当に売主に何も請求できないのでしょうか。

瑕疵担保責任に基づく解除や損害賠償請求ができる場合があります。

　ネットオークションにおいて、出品者と落札者との間には売買契約が結ばれたものと理解されます。したがって、買主である落札者は代金支払い義務を負う反面、売主である出品者は、オークションの対象となった品物（目的物）を落札者に引き渡す義務を負うことになります。

　このとき落札者が引き渡すべき物は、どんな物でも許されるわけではなく、場合によっては売主が責任を負わなければならないこともあります。特に、ここで問題となっているネットオークションにおいて、その物の個性に着目して取引が行われる（特定物と呼ばれています）、中古品などの売買が行われた場合には、その物に説明や写真などには記載されていなかった傷や汚れなど（瑕疵）があり、その傷などのために買主が売買契約を結んだ目的が達成できないときには、売主は瑕疵担保責任を負うとして、買主が契約の解除や損害賠償請求を行うことができます。

● 「ノークレームノーリターン」表示の効力

　ところで、本問で問題となっている「ノークレームノーリターン」の表示（特約）とは一体何でしょうか。これは、ネットオークションなどで、対象の商品が中古品であること等を理由に、商品に関するクレームを一切受け付けず、返品もできないことを条

件に、落札者が入札することは、その特約を受け入れたことを意味すると考えられる特約のことを指すものと考えられています。「ノークレームノーリターン」特約は、上記の売主の担保責任を免除する内容の特約であると理解されています。そして、当事者が合意の上で、瑕疵担保責任を免除する内容の「ノークレームノーリターン」特約をつけて契約を結ぶことは、法律上許されていると考えられています。このことから、本ケースではネットオークションにおいて「ノークレームノーリターン」特約が付されており、これに承諾して落札者が入札を行っているのですから、仮に目的物に何らかの瑕疵があったとしても、予め承諾して契約を結んでいる落札者は、瑕疵担保責任を追及することはできない、と考えることも可能と思われます。

●損害賠償請求が認められるケースもある

しかし、法律は不正な手段を用いて、信義に反するような取引行為までをも許したわけではありません。そもそも売買契約などで瑕疵担保責任が認められているのは、契約における両当事者の地位の均衡を保つためであると考えられています。したがって、出品者自身が説明や写真に記載がない傷や汚れがあること、または、その物が他人の物であること、あるいは数量が不足していることなど（これらすべて目的物に瑕疵があるということができる場合にあたります）について、知っていながらもあえて落札者に告げなかったような事情がある場合には、「ノークレームノーリターン」特約がつけられていても、買主である落札者は、瑕疵担保責任に基づく解除や損害賠償請求ができるものと考えられています。

また、出品者が契約を結ぶ段階で、傷や汚れなどに関することを説明しなかった事情が、契約の無効をもたらす錯誤にあたる場合や契約の効力を取り消すことができる詐欺にあたるような場合には、錯誤無効や詐欺取消の主張が認められる可能性もあります。

第8章

困ったときの相談先・法的解決手続き

トラブル解決のための相談機関

弁護士会の各種相談機関

　損害賠償請求については、弁護士会が設置している各種相談機関を利用することができます。

・**紛争解決センター**

　弁護士会では、全国35か所（平成25年4月現在）に紛争解決センターを開設し、あっせんや仲裁などで様々な紛争の解決をサポートしています。

　同センターのあっせん・仲裁手続きは非公開になっており、秘密が外部に漏れる心配はありません。また、問題が専門的な内容に及ぶ場合には、公認会計士・税理士・弁理士・不動産鑑定士・技術士など専門家の助言を得ることもできます。

　手続きは、どこの弁護士会のセンターもおおむね同じです。審理集中方式を活用して紛争を迅速に解決しています。

・**日弁連交通事故相談センター**

　交通事故の損害賠償については弁護士会が設置している「日弁連交通事故相談センター」を利用することができます。相談料は無料で、専門の弁護士に相談することができます。必要に応じてあっせんも行っています。

・**法律相談センター**

　各都道府県の弁護士会では法律相談を受け付けている窓口があります。費用は、30分につき5400円程度です。相談したい場合には、予め相談日時を確認しておくのがよいでしょう。

裁判所の相談窓口

　損害賠償請求の検討の際、法的手段の一般的な手続きなどを確

認したい場合には、裁判所に問い合わせることができます。

・**裁判所の申立て手続き案内**

　一般的な裁判所への申立手続きについては、裁判所に問い合わせることで確認することができます。特に請求額が少なく、少額訴訟手続きを利用するようなケースで、本人申立てを検討しているような場合には、訴状の作成方法などについて相談してみるとよいでしょう。

・**家庭裁判所の家事手続案内、家事手続情報サービス**

　全国の家庭裁判所には、夫婦、親子などの家族関係の紛争についての問題に応じる「家事手続案内」があります。ただし、相談内容は手続案内に限られ、法律相談はできません。家庭裁判所の家事手続案内は無料です。曜日、時間については各家庭裁判所で異なりますので、予め電話で確認する必要があります。

　また、家庭裁判所では、電話とファックスによる「家事手続情報サービス」（0570-031840）を行っています。主な家事事件についての手続きの概要などを確認することができます。

その他

　相続など法律トラブルの相談を受ける機関として法テラス（日本司法支援センター）があります。電話番号は「0570-078374」です）。法テラスでは、相談内容に応じた法制度の紹介や、弁護士などの専門家の紹介を行っています。

　相談は無料ですが、あくまでトラブル解決のために必要な法制度の紹介などを行うだけであり、具体的な解決方法を提示してもらえるわけではありません。

　また、労働トラブルについては、道府県労働局の総合労働相談コーナーや労働局雇用均等室の紛争解決援助制度に相談することもできます。

示談交渉

示談とは

　示談とは、民事上の争いをしている当事者が、裁判外において、話し合いにより原則として当事者間の譲り合いでその紛争を解決することをいいます。示談は和解契約の一種です。和解契約とは、紛争を解決するためにお互いが譲歩した条件で締結した契約のことをいいます。示談と和解は似ていますが、和解契約が成立するためには当事者双方が互いに譲歩することが必要であるのに対し、示談契約の場合、当事者の一方が全面的に譲歩する場合もあり得ます。示談が成立した後に、当事者の一方が勝手に示談の内容を変更することはできません。当事者が示談の中で決めたことを守らない場合には、訴訟を提起してその訴訟の中で示談書を証拠として提出することができます。勝訴判決を得れば強制執行をすることが可能になります。また、示談の内容を強制執行認諾文言（契約した内容を守れなかった際に強制執行を受けることを認める文言）付きの公正証書に記載しておけば、金銭の支払については訴訟を経なくても強制執行をすることができます。

　示談は様々な場面で行われています。交通事故での損害賠償額を決める際に示談交渉が行われるケースは多く、賃貸借契約をめぐるトラブルや売買契約（売掛金の回収）をめぐるトラブルが生じた際にも示談が行われます。また、刑事事件では示談が成立したかどうかが起訴・不起訴に影響を与えます。

示談交渉で気をつけること

　トラブルが生じた場合、相手に対して自分の主張を一方的に押し付けることは避けるべきです。一人よがりな主張で相手を説得

することはできず、かえって紛争がこじれてしまうでしょう。

そのため、示談交渉を行う前に、状況を整理することが必要です。また、第三者の意見も聞いて、客観的なトラブルの実態を把握しておくようにします。実際の示談交渉の場では、感情的にならずに交渉を進めることが必要です。「相手が悪い」と一方的に決めつけてしまうと、交渉相手がそれに反応して態度を硬化させてしまい、トラブルの解決が遠のいてしまう可能性がでてきます。

また、示談交渉では、相手が本当に信頼できるかどうかを見極める必要があります。示談で決めた内容を相手が守らなければ、訴訟で勝訴判決を得てから強制執行をしなければなりません。中には、ただ時間を稼ぐために示談交渉を行う人もいます。そのような誠意のない相手に対しては、示談交渉を行わず最初から訴訟を提起する方がよいといえます。

示談が成立したといえるには

示談は和解契約の一種です。契約は口頭でも成立するので、和解契約の一種である示談も口頭で成立します。しかし、口頭で示

■ 示談交渉の流れ

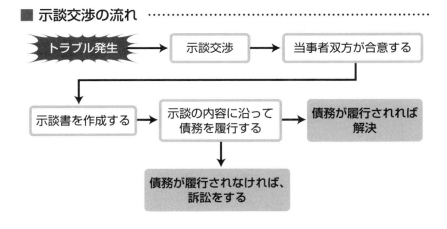

談が成立したからといって示談の内容を文書にしておかないと、証拠がないためにどのような内容の示談をしたかについてトラブルになる可能性があります。そのため、示談が成立した時点でその内容を書面化しておくようにしましょう。

また、いったん示談が成立した場合、原則として当事者の一方の希望によって勝手に示談内容を変更することはできません。示談を行う際には事実関係をよく調査して、自分に不利な内容になっていないかを確認することが重要です。

刑事告訴と示談の効果

刑事事件絡みで示談が行われることもあります。刑事裁判を提起するかどうかは、検察官の判断によって決められます。起訴するかどうかの判断では、加害者と被害者との間で示談が行われているかどうかも考慮されます。それほど重くない罪で示談が成立していれば、検察官が刑事事件として起訴をする可能性は低くなります。

たとえば、交通事故のケースでは、示談が成立しているかどうかが検察官の起訴・不起訴に大きな影響を与えます。また、強制わいせつ事件や強姦事件は、被害者の告訴がなければ検察官は起訴することができません。示談が成立すれば被害者は告訴をせず、加害者は刑事責任を問われませんので、示談が成立するかどうかが重要であるといえます。

示談書を作成する際の注意点

示談がまとまった場合には、示談書を作成します。口頭で示談契約を行ったとしても、その示談契約は効力を有します。しかし、後日に示談契約の内容について争いになったときに、書面がなければトラブルになる可能性があります。示談の内容を書面にして

おけば、後日にトラブルとなったとしても、書面が証拠になるので示談の内容について争うことはできなくなります。

　示談書の形式について、法律で決められているわけではありません。しかし、後日のトラブルを避けるために、示談の内容の他に、示談を行った日、住所、氏名を記載し、押印をしておくようにしましょう。本書では、製品事故が生じた場合の消費者・企業間の示談書のサンプルを掲載していますので、具体的な記載例については参照してみて下さい。なお、契約書の中には印紙税の貼付が必要な課税文書がありますが、示談書そのものは課税文書に該当しないため、原則として示談書に収入印紙の貼付は不要です。ただし、示談の内容として現金の支払いではなく、不動産を譲渡するような場合、不動産に譲渡に関する契約書として収入印紙の貼付が必要になります。そのため、示談にあたっては課税文書にあたるかどうかという点についても考慮しておきましょう。

　また、示談の内容（金銭の支払）を強制執行認諾文言付の公正証書にしておけば、相手が示談で決めた内容を守らなかった場合

■ 示談書作成ポイントのまとめ

項目	内容
用紙・筆記具	・できる限りパソコンで作成する ・手書きの場合はすぐに消えないボールペン等を用いる
示談の内容	「○月○日の○○契約に関する件」というように、トラブルの内容を詳細に記載する
示談の条件	・金銭の支払いを求める場合には、いつ支払ってもらうのか明確に記載する ・どのような条件で示談をしたのか曖昧にしない
当事者のサイン	当事者双方が印鑑を押す。 未成年者が当事者の場合には、親の印鑑が必要になる

に訴訟を経ずに強制執行をすることができます。公正証書にせず単に書面に示談の内容を記載した場合には、訴訟で勝訴判決を得なければ強制執行はできません。

　示談書には、事実関係を正確に記載し、契約内容を特定しなければなりません。

　また、示談契約書の最後には、「当事者間には債権債務関係が一切ない」ことを示す一文を入れておきます。この一文を入れることで、当事者間のトラブルはすべて解決したことを示すことができ、後に示談の内容を覆すことができなくなります。

　示談の内容として金銭を分割して支払うことを約束するケースがあります。このようなケースでは、「1回でも支払いを怠った場合には残りの全額を直ちに支払う」という内容の条項を盛り込んでおきます。

　交通事故の示談を行う場合、示談の後に後遺症が発生することがあります。後遺症が発生することを想定して、「後遺症が発生した場合には示談をやり直すこと」あるいは「新たに損害賠償金を支払う」旨の条項を入れておく必要があります。

賠償額はどのように算出するか

　損害賠償請求を行う場合には、賠償額を算定する必要があります。損害賠償には、財産上の損害と精神的な損害があります。また、財産上の損害には、実際に被害者が受けた損害（治療費や物の修理費など）と、得られたはずの利益が被害に遭ったために得られなかったという損害（働けなかったために受け取れなかった給料など）があります。交通事故のケースでは、損害額は定型化・定額化されています。ただ、個別のケースについての損害賠償額の算定は難しいので、弁護士などの専門家に相談するのがよいでしょう。

書式 示談書サンプル（製品事故）

示談書

　乙は、平成○年○月○日午後○時頃、甲の経営する店舗にて、電気アロマポットを購入した。乙が自宅にて同商品を使用したところ、加熱装置の不具合により発火し、乙所有の住居の床を約10平方メートル焦がし、住居の一部を使用不能にした。

1. 甲は、乙に対し、本件事故の解決金として、金10,000,000円を支払うべき義務を負うことを確認する。
2. 甲は、前項の解決金を平成○年○月○日までに、下記の銀行口座に振り込むものとする。なお、振込手数料は甲が負担するものとする。
　　○○銀行　△△支店　普通預金　口座番号　１２３４５６７
　　口座名義人　××××
3. 乙は、甲に対し本件事故に関し、その余の請求を全て放棄し、甲及び乙は、本件事故について今後一切の債権債務のないことを確認する。

平成○年○月○日

　甲　　　　　　　　　　東京都○○区○○町○丁目○番○号
　　　　　　　　　　　　○○株式会社
　　　　　　　　　　　　代表取締役　　□□　□□
　乙　　　　　　　　　　東京都○○区○○町○丁目○番○号
　　　　　　　　　　　　△△　△△

内容証明郵便の活用

内容証明郵便とは

　内容証明郵便は、誰が、どんな内容の郵便を、誰に送ったのか、を郵便局（日本郵便株式会社）が証明してくれる特殊な郵便です。

　内容証明郵便を配達証明付ということにしておけば、郵便物を発信した事実から、その内容、さらには相手に配達されたことまで証明をしてもらえます。後々訴訟になった場合の強力な証拠にもなります。内容証明郵便を送付しただけで、トラブルがすぐに解決できるというわけではありませんが、特殊な郵便物ですから、それを受け取った側は、たいてい何らかの反応をしてきます。そのため、内容証明郵便の送付がトラブル解決のきっかけとなるケースはあるといえるでしょう。

　内容証明郵便は受取人にある程度のインパクトを与える郵便です。後々訴訟などになった場合、証明力の高い文書として利用することにもなります。また、一度送ってしまったら、後で訂正はできません。このことから、内容証明郵便で出す文書は、事実関係を十分に調査・確認した上で正確に記入することが必要です。

　また、本論に関係のないよけいなことが書いてあったり、あいまい・不正確な表現がなされていたりすると、相手方に揚げ足を取られることにもなります。表現はできるだけ簡潔に、しかも明確に書くことが大事です。前置きは省略して本論から書き始めるようにしましょう。

1枚の用紙に書ける字数が決まっている

　内容証明郵便で1枚の用紙に書ける文字数には図（233ページ）のように制約があります。つまり、用紙1枚に520字までを最大

限とするわけです。もちろん、長文になれば、用紙は２枚、３枚となってもかまいません。ただし、枚数に制限はありませんが、１枚ごとに料金が必要になります。

　使用できる文字は、ひらがな・カタカナ・漢字・数字です。英語は固有名詞に限り使用可能ですが、数字は算用数字でも漢数字でも使用できます。また、句読点や括弧なども１字と数えます。一般に記号として使用されている＋、－、％、＝なども使用できます。①、(2) などの丸囲み、括弧つきの数字は、文中の順序を示す記号として使われている場合は１字、そうでない場合は２字として数えます。用紙が２枚以上になる場合には、ホチキスや糊でとじて、ページのつなぎ目に左右の用紙へまたがるように、差出人のハンコを押します（割印）。なお、このハンコは認印でもかまいません。

郵便局へ持って行く

　こうしてできた同文の書面３通（受取人が複数ある場合には、その数に２通を加えた数）と、差出人・受取人の住所氏名を書いた封筒を受取人の数だけ持って、郵便局の窓口へ持参します。郵

■ 内容証明郵便の書き方

用　紙	市販されているものもあるが、特に指定はない。 B4判、A4判、B5判が使用されている。
文　字	日本語のみ。かな（ひらがな、カタカナ）、 漢字、数字（漢数字）、かっこ、句読点。 外国語（英字）は不可（固有名詞に限り使用可）
文字数と 行数	縦書きの場合　　：20字以内×26行以内 横書きの場合①：20字以内×26行以内 横書きの場合②：26字以内×20行以内 横書きの場合③：13字以内×40行以内

便局は、近隣のうち集配を行う郵便局と地方郵便局長の指定した無集配郵便局を選んで下さい。

　郵便局に提出するのは、内容証明の文書、それに記載された差出人・受取人と同一の住所・氏名が書かれた封筒です。窓口で、それぞれの書面に「確かに何日に受け付けました」という内容の証明文と日付の明記されたスタンプが押されます。その後、文書を封筒に入れて再び窓口に差し出します。そして、引き替えに受領証と控え用の文書が交付されます。これは後々の証明になりますから、大切に保管しておいて下さい。

料金と配達証明

　料金は内容証明料金が１枚につき430円（１枚増えるごとに260円加算）、書留料金430円、通常の郵便料金82円（25ｇまで）、配達証明料金は310円（差出時）です。たとえば、文書が１枚だったとすると、「文書１枚（430円）＋郵送料（82円）＋書留料（430円）＋配達証明料（差出時310円)」より、金額は1252円となります。

　なお、配達証明の依頼は、普通、内容証明郵便を出すときに一緒に申し出ますが、投函後でも１年以内であれば、配達証明を出してもらうことができます。この場合の配達証明料は430円になります。

同文内容証明郵便

　複数の債務者や加害者に対して損害賠償請求をするようなケースでは、それぞれの債務者などに対して同一の文書を送付することもあります。同じ内容の文面を複数の相手に送りたいような場合には、「同文内容証明郵便」という制度を使うことで、枚数を少なくし、費用を抑えることができます。具体的には、同文内容証明郵便の場合、１人目については上記料金が必要ですが、２人

目分以降は上記料金の半額となります。

書式　内容証明郵便（パワハラの被害者による会社に対する請求書）

```
　　　　　　　　　　　　請　求　書
　私は平成○○年○月より当社の商品企画部
に勤務している者です。4か月ほど前から直
属の上司である○○氏から連日のように嫌が
らせや1週間以上にわたる徹夜での作業とい
った不当な命令を受けております。数回にわ
たって社内の職場相談窓口に相談しましたが
、有効な対策は示してもらえませんでした。
　数週間ほど前から、日常生活にも支障をき
たすほどの体調不良を催すようになり、病院
で受診したところ、重度のうつ病にあたると
診断されました。
　私の相談に対して貴社が速やかに対策を実
施して下されば、このような病状には至らず
、貴社にも○○氏を使用する者としての責任
があるものと考えます。つきましては、貴社
に対して、治療代及び慰謝料として金○○万
円の支払いを請求致します。

　　平成○○年○月○日
　　　　東京都○○区××○丁目○番○号
　　　　　　　　　　　　　　　　　　印
　　　東京都○○区××○丁目○番○号
　　　　　○○株式会社
　　　　　　代表取締役　○○○○　殿
```

公正証書の作成と活用法

公正証書とは

　示談書や和解契約書の効力をより確実なものとしたい場合、文書を公正証書にするという方法があります。

　公正証書とは、公証人という特殊の資格者が、当事者の申立てに基づいて作成する文書で、一般の文書よりも強い法的な効力が認められています。公証人は、裁判官・検察官・弁護士といった法律実務経験者や一定の資格者の中から、法務大臣によって任命されます。裁判官経験者が比較的多いようです。

　公正証書は一定の要件を備えれば、債務名義（強制執行の根拠となる債権の存在・内容を証明する文書）となります。そこで、公正証書に基づいて強制執行（債務者が債務を履行しない場合に裁判所や執行官に申し立てることによって行われる強制的に権利を実現する手続きのこと）を行うことが可能になります。公正証書のこのような効力を執行力といいます。

　ただし、示談や和解の内容は様々です。どんな示談書であっても公正証書にすれば債務名義となり得るわけではありません。これには以下のような２つの条件が必要です。１つは、請求内容が、一定額の金銭の支払いや一定数量の代替物または有価証券の給付であることで、もう１つは、債務者が「債務を履行しない場合には強制執行を受けても文句は言わない」旨の記載がなされていることです。この記載を、執行受諾文言または執行認諾約款といいます。執行受諾文言は、公正証書に基づいて強制執行を行うためには欠かすことのできない文言ですから、忘れずに入れてもらうようにしましょう。この記載があれば、公正証書に記載された一定額の金銭の支払いについて、訴訟を経なくても強制執行を申し

立てることができるわけです。

公証役場での手続き

　公証人がいる所を公証役場といいます。公正証書を作成するには、公証役場へ行きます。わからない場合には、日本公証人連合会（03-3502-8050）に電話をすれば教えてもらえます。債権者と債務者が一緒に公証役場に出向いて、公証人に公正証書を作成することをお願いします（これを嘱託といいます）。事前の相談や連絡は、当事者の一方だけでもできますが、契約書を公正証書にする場合には、契約当事者双方が出向く必要があります。

　ただし、実際に本人が行かなくても代理人に行ってもらうことは可能です。公証役場では、まず当事者に人違いがないかどうかを確認します。公証人自身が当事者と面識があるような特別のケースを除いて多くの場合は、本人確認のために発行後3か月以内の印鑑証明書を持参することになります。

作成を依頼する場合の費用

　公正証書の作成を依頼する際には、作成のために必要な費用を支払わなければなりません。具体的には、公証人の手数料を支払うことになっています。公証人に支払う手数料は、公証人手数料令という法令によって具体的に規定されています。

　手数料は作成を依頼した公正証書に記載した内容によって異なります。公正証書の作成を依頼した場合には、作成が完了した時点で現金で支払わなければならないので、公証役場に行く前に、電話などで問い合わせておいた方がよいでしょう。

公正証書の正本の内容

　作成された公正証書の正本は、嘱託人に交付されます。たとえ

ば、和解契約の公正証書は掲載した記載例（240〜241ページ）のような内容になります。正本に記載される内容は、公証人法によって定められており、具体的には、①全文、②正本であることの記載、③交付請求者の氏名、④作成年月日・場所、が記載されることになっています。このうち、契約の内容などが記載されているのは、①の全文です。

　公正証書の正本に記載されている全文は、さらに2つのパートから成り立っています。1つ目のパートに具体的な内容（これを本旨といいます）が記載されています。具体的な内容とは、公証人が嘱託人や嘱託人の代理人から聞き取ってそれを録取した契約、事実関係に関する部分のことです。この本旨は、嘱託人が公正証書に記載してもらいたい内容として伝えた内容を実際に公証人が聞き取って記載したものです。示談書や和解契約についての公正証書であれば、示談・和解契約の内容が本旨となります。

　もう1つのパートには、公正証書に記載された内容そのものについてではなく、公正証書を作成する際の形式についての記載です。この記載は本旨外記載事項といい、公正証書独特の記載内容となっています。契約書などを見た場合に、この本旨外記載事項があるかどうかでその契約書が公正証書による作成なのか、公正証書ではない契約書なのかはすぐにわかります。本旨外記載事項については、公証人法によって、その記載すべき事項が決まっています。具体的には、嘱託人の住所、氏名、年齢、公正証書を作成した年月日、公正証書を作成した場所です。

和解契約公正証書作成上の注意点

　示談や和解契約について公正証書を作成する際には、以下の点に注意して作成するとよいでしょう。

・紛争を特定するために詳細を記載する

どの紛争についての合意内容なのかを、明示します。特に同一当事者間で複数の紛争があるような場合には、紛争の特定が必要です。特に、紛争の当事者、紛争の発生日時、紛争の発生場所、紛争の種類と概要などを具体的に記載して特定します。

・**内容に関しては明確かつ簡潔に記載する**

　公正証書に記載すべき内容は、対象となる紛争についての事実関係と決定した内容です。そこに至る経緯や感情的な内容については記載する必要はありません。

・**この合意を以て紛争を終結させることを明記する**

　公正証書にして残すのは後日のトラブル予防の意味もありますから紛争に終止符を打ったことを明記しておくことが重要です。

■ 公正証書の作成、執行文の付与などに必要な手数料

（平成26年10月現在）

		目的の価額	手数料	
証書の作成	法律行為に関する	100万円以下	5,000円	
		200万円以下	7,000円	
		500万円以下	11,000円	
		1,000万円以下	17,000円	
		3,000万円以下	23,000円	
		5,000万円以下	29,000円	
		1億円以下	43,000円	
	1億円〜3億円以下43,000〜95,000円、3億円〜10億円以下95,000円〜249,000円、10億円を超える場合には249,000円に5,000万円ごとに8,000円を加算する			
その他	私署証書の認証	11,000円（証書作成手数料の半額が下回るときはその額）		外国文認証は6,000円加算
	執行文の付与	1,700円		再度付与等1,700円加算
	正本または謄本の交付	1枚　250円		
	正本・謄本の送達	1,400円		郵便料実費額を加算
	送達証明	250円		
	閲覧	1回　200円		
	遺言手数料	遺言を受ける人数によって計算します ・目的の価額が1億円までは、法律証書の作成についての手数料額に11,000円加算 ・遺言の取消し　11,000円（目的の価額の手数料の半額が下回る場合にはその額） ・秘密証書遺言　11,000円		

書式 公正証書サンプル（交通事故についての和解契約公正証書）

和解契約公正証書

　本公証人は、当事者の嘱託により、下記の法律行為に関する陳述の趣旨を録取し、この証書を作成する。

第1条（契約締結）　○○○○（以下「甲」という）と○○○○（以下「乙」という）とは、下記交通事故（以下「本件事故」という）において、乙が運転する車両により、自転車で走行中の甲に接触のうえ転倒させた件につき、次条以下のとおり和解が成立し、ここに契約（以下「本契約」という）を締結する。

　①　事故の日時：平成○○年○月○日午後11時30分頃
　②　事故の場所：東京都港区六本木○丁目○番○号先路上
　③　加害車両　：車種○○○○
　　　　　　　　　登録番号　品川○○○-あ-○○○○
　④　事故の概要：別添交通事故証明書写しのとおり
　⑤　被害の概要：別添診断書写しのとおり

第2条（債務の確認）　乙は甲に対し、本件事故の損害賠償として、下記の賠償金の支払債務があり、当該賠償金の総額が金○○円であることを確認する。

　①　治療費　　　　　：金○○円
　②　治療関係諸費用　：金○○円
　③　休業補償　　　　：金○○円
　④　慰謝料　　　　　：金○○円
　⑤　自転車修理費用　：金○○円

第3条（保険金による充当）　甲及び乙は、前条に定める本件事故による賠償金総額金○○円のうち金○○円は、自動車損害賠償保障法に基づき乙が受領した保険金をもってこれに充当するこ

とに合意する。

第4条（支払） 乙は、甲に対し、残金○○円を下記のとおり、甲の指定する銀行口座に振込み支払う。
① 平成○○年○月○日までに金○○円
② 平成○○年○月○日から平成○○年○月○日まで毎月末日までに金○○円ずつ

第5条（期限の利益喪失） 乙が前条に定める支払いを1回でも怠ったときは、甲からの通知催告を要せず期限の利益を失い、乙は甲に対し、直ちに残金全額を支払わなければならない。

第6条（遅延損害金） 乙は、前条により期限の利益を失ったときは、甲に対し、残金に対して期限の利益喪失の日の翌日から支払い済みまで日歩○銭の割合による遅延損害金を加算して支払わなければならない。

第7条（清算条項） 甲及び乙は、本件事故に関し、本契約に定める以外には、何らの債権債務も存在しないことを相互に確認する。

第8条（強制執行認諾） 乙は、本契約に定める金銭債務の履行を怠ったときは、直ちに強制執行を受けても異議がないことを認諾した。

第9条（費用負担） 乙は、この証書の作成その他本契約に係る一切の費用を負担する。

以上

本旨外要件

住　所　　東京都○○区××○丁目○番○号
職　業　　会社員
被害者　　○○○○　㊞
　　　　　昭和○○年○月○日生

上記の者は印鑑証明書を提出させてその人違いでないことを証明させた。

住　所　　東京都○○区××○丁目○番○号
　　　職　業　　無職
　　　加害者　　○○○○　㊞
　　　　　　　　昭和○○年○月○日生
　上記の者は運転免許証を提出させてその人違いでないことを証明させた。
　上記列席者に閲覧させたところ、各自その内容の正確なことを承認し、次に署名・押印する。
　　　　　　　　　　　　　　　　　　　　○○○○　㊞
　　　　　　　　　　　　　　　　　　　　○○○○　㊞
　この証書は、平成○○年○月○日、本公証役場において作成し、次に署名・押印する。
　　　　　　　　東京都○○区××○丁目○番○号
　　　　　　　　　　○○法務局所属
　　　　　　　　　　公証人　　　○○○○　㊞

　この正本は、平成○○年○月○日、被害者○○○○の請求により本職の役場において作成した。
　　　　　　　　　　　○○法務局所属
　　　　　　　　　　　公証人　　　○○○○　㊞

裁判所を利用した手続き

様々な法的手段

　民事についての紛争が生じた場合、最終的には訴訟ということになり、裁判所が判断をすることになります。ただ、訴訟以外にも裁判所の手続きには、様々な方法も用意されています。

　裁判所とは、何か問題が発生したときに法律を適用することによって問題の解決を図る機関です。日本にある裁判所は最高裁判所、高等裁判所、地方裁判所、家庭裁判所、簡易裁判所です。最高裁判所を頂点にして、高等裁判所、地方裁判所と家庭裁判所があり、さらに警察署がある区域にはおおむね簡易裁判所があります。日本の裁判の審査は三審制となっており、一審の結果、事件の当事者に不服があれば控訴審、それでも不服があれば上告審で争われることになります。

　地方裁判所で行う手続きとしては、通常訴訟の他に、裁判官である労働審判官と労働問題に精通している労働審判員が協議して審判を下す労働審判があります。

　簡易裁判所を利用する手続きとして少額訴訟、民事調停、支払督促があります。家庭裁判所を利用した手続きとして家事調停や家事審判があります。

　裁判所以外の方法での紛争解決方法としては、公証役場での公正証書の作成、労働トラブルであれば労働局のあっせんによるトラブルの解決、証拠作りや相手の対応を確認するための内容証明郵便の送付といった手段があります。

民事調停

　話し合いで紛争を解決したいと考えたとき、思い浮かぶ方法が

民事調停です。調停は、第三者である調停機関が紛争の当事者双方の合意が得られるように説得しながら、和解が成立するために努力する手続です。調停は、裁判外紛争処理機関（訴訟以外の方式によって法的な紛争を解決するシステムのことでADRとも呼ばれる。弁護士会の紛争解決センターや国民生活センター紛争解決委員会などがADRの例）でも行われていますが、中でも裁判所で行われる民事調停は、売買や賃貸借など、身近な財産上の紛争を解決するために利用されています。民事調停も、手続の進め方に厳格な定めはなく、紛争の実情に即して、当事者双方に納得のいく解決が図れるようになっています。調停は、双方が互いに譲歩し、納得し合いながら、妥協点を探るのに適した方法です。したがって、当事者の対立が激しく、ほとんど歩み寄りの余地がない場合には適しません。

調停の申立ては、簡易裁判所に申立書を提出して行います。話合いは、当事者と調停委員がテーブルを囲んで比較的和やかな雰囲気で行われます。当事者からの意見の聴取は双方同席で行われることもありますが、相手方に聞かれたくない場合は調停委員にその旨を申し出ると希望のように取りはからってもらえます。話合いがまとまれば、裁判官の立ち会いの下で、調停内容が読み上げられます。調停が成立すると、調停調書には確定判決と同一の効力が与えられていますので、もし相手方が約束を履行しない場合は、強制執行（255ページ）に踏み切ることもできます。調停が合意にいたらずに終わっても、2週間以内に訴えを起こせば、調停申立てのときから民事訴訟を起こしたのと同じことになります。

支払督促

支払督促は、簡易裁判所の裁判所書記官を通じて相手方に対して債務を支払うように督促する手続きです。督促手続オンライン

システムを利用することもできます。相手方との間で債権の存在の有無について食い違いがない場合に効果があります。ただし、相手方が督促内容に異議申立てを行うと支払督促の内容そのものについての争いとなるため、民事訴訟手続へと移行します。

支払督促の申立てを行う場合、金銭的な限度はありません。つまり、数千円程度の借金から億単位の債権回収まで金額の大小に関係なく利用することができます。

支払督促を申し立てる場合は金額に関わらず簡易裁判所を利用しますが、どの地域の裁判所でもよいというわけではありません。督促をする相手方の住所地を管轄している簡易裁判所の裁判所書記官に申し立てることになります。

支払督促が債務者に送達された後2週間を経過したときから30日以内であれば、債権者は仮執行宣言の申立ができます。申立てをしないままこの期間を過ぎてしまうと、支払督促は効力を失っ

■ 法的手段

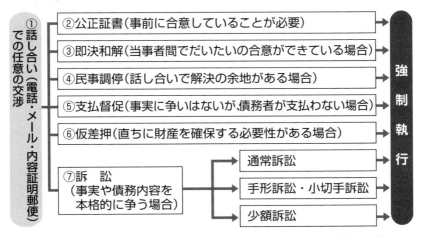

※その他にも労働トラブルを解決するための都道府県労働局のあっせんや、民事調停の一種で借金整理を専門的に取り扱う特定調停など、様々な法的手段がある。

てしまいます。

　支払督促の申立が受理されると、裁判所は支払督促を出します。支払督促には、判決の主文に相当する「債務者は、請求の趣旨記載の金額を債権者に支払え」という文言が記載されていて、その後には、警告文言と言われている「債務者が支払督促送達の日から2週間以内に異議を申し立てないときは、債権者の申立によって仮執行の宣言をする」という文言が記載されています。

即決和解

　和解とは、紛争の当事者が話し合いの末、互いに譲歩して問題の解決を図ることですが、これは、裁判所の関与の仕方によって、いくつかの種類に分かれます。一般に行われている和解は示談とも呼ばれ、特に裁判所は関与しませんから、これを裁判外の和解といっています。裁判所が関与する和解には2つあって、1つは、訴訟が始まってから裁判所の仲介で行われる訴訟上の和解、そしてもう1つが即決和解です。

　即決和解は、紛争が訴訟にまで発展してしまうことを防止する

■ 支払督促申立て手続きの流れ

1. 債務者の住所地の簡易裁判所へ行く
2. 支払督促を申し立てる
3. 異議申立て期間の満了
4. 仮執行宣言を申し立てる　　→ 異議があれば民事訴訟手続へ
5. 仮執行宣言付支払督促の送達　→ 異議があれば民事訴訟手続へ
6. 仮執行宣言付支払督促の確定（正本送達後、2週間以内に異議申立てがない場合）
7. 強制執行の申立てをする（債務者が支払いを拒み続けているとき）
8. 債務者の財産を差押・競売

ための手続きです。訴訟になる前に裁判所へ申し立てて行う和解ですから訴訟前の和解ともいいます。

即決和解の申立ては申立書を裁判所に持参するか、郵送によって行います。管轄裁判所は、相手方の住所地を管轄する簡易裁判所ですが、双方の合意があれば、他の地域を管轄する簡易裁判所でもかまいません。

和解調書は裁判所書記官が作成します。強制執行に備えておきたければ、予め裁判所に申し出て、執行文（強制執行を許す旨の文言）を調書の末尾につけてもらう必要があります。和解調書は、和解調書交付申請書を裁判所に提出すれば入手できます。

労働審判

労働トラブルにおいて、裁判官である労働審判官と労働問題に精通している労働審判員が協議して審判を下す手続きです。

労働審判は管轄権のある地方裁判所に対して申し立てます。労働審判の対象となるトラブルは解雇や雇止めといった個々の労働者と使用者（会社）との間に生じたトラブル（個別労働関係紛争といいます）です。労働者が申し立てるケースが通常です。

労働審判は原則として3回以内の期日で審理を終えるというしくみをとっています。具体的な期間としては労働審判の申立書が提出されると40日以内の期日で第1回期日が指定されます。第1回期日の後の第2回期日、さらに第3回期日はそれぞれ数週間から1か月程度の間で決められることが多いようです。3回の期日で合意に達しなかった場合には審判が下されます。労働審判手続きは非公開とされています。労働審判は訴訟と比べて手数料が安いという特徴もあります。具体的には訴額あたりの手数料は一般民事訴訟の半分と定められています。

審判内容を守らない場合には強制執行することができます。

家庭裁判所を利用した手続き

家事事件

　家庭裁判所は、家族問題や離婚問題、相続問題などに関する家事事件と、未成年の犯罪に関する少年事件とを扱う裁判所です。

　家事事件は大きく、別表第1と別表第2に記載されている事件の2つの類型に分けることができます。

　別表第1の事件は、当事者が自らの判断で処分することができない権利が関わる公益性の高い事件で、調停によって解決することができない事件のことをいいます。たとえば、成年後見人の選任や失踪宣告に関する事件などは、別表第1の事件に該当します。

　別表第2の事件は、当事者が自らの判断で処分することができる権利に関する公益性の低い事件で、調停によって解決することができる事件のことをいいます。たとえば、婚姻費用の分担や財産分与に関わる事件などは別表第2の事件に該当します。

　別表第1の事件は、最終的には審判により終了する事件です。

　別表第1の事件については、調停を行うことはできません。

　これに対して、別表第2の事件は、家事審判と家事調停のどちらからでも手続きを始めることができます。家事審判から手続きが始まった場合、審判の途中でも審判手続を停止して調停に移行することができます。逆に、家事調停から手続きが始まり、調停が不成立に終わった場合には審判手続に移行します。

　家事事件手続では、家庭内の出来事や個人のプライバシーについて踏み込んだ審理を行う必要があります。そのため、家事事件手続は原則として非公開で行われます。

家事調停

　家事調停の対象となる事件は、人事に関する訴訟事件と、その他家庭に関するすべての事件です。たとえば、婚姻関係の事件、親子関係の事件、養子縁組の事件など、身分関係形成の事件が家事事件の対象となる事件になります。

■ 別表第1、第2事件の概要

●別表第1（24項目134種類）
①成年後見（後見開始など）、②保佐（保佐開始など）、③補助（補助開始など）、④不在者の財産管理（不在者財産管理人選任）、⑤失踪の宣告（失踪宣告など）、⑥婚姻等（夫婦財産契約による財産の管理者の変更）、⑦親子（子の氏の変更など）、⑧親権（親権喪失など）、⑨未成年後見（未成年後見人選任など）、⑩扶養（扶養義務の設定など）、⑪推定相続人の廃除（推定相続人廃除など）、⑫相続の承認及び放棄（限定承認の申述の受理など）、⑬財産分離（財産分離の審判など）、⑭相続人の不存在（特別縁故者に対する相続財産の分与など）、⑮遺言（遺言の検認など）、⑯遺留分（遺留分の放棄など）、⑰任意後見契約法（任意後見監督人の選任など）、⑱戸籍法（戸籍の訂正など）、⑲性同一性障害者の性別の取扱いの特例に関する法律（性別の取扱いの変更）、⑳児童福祉法（措置の承認など）、㉑ 生活保護法等（施設への入所などの許可）、㉒ 精神保健及び精神障害者福祉に関する法律（保護者の選任）、㉓ 破産法（管理権の喪失など）、㉔ 中小企業における経営の承継の円滑化に関する法律（遺留分の算定に係る合意についての許可）

●別表第2（8項目16種類）
①婚姻等（夫婦間の協力扶助に関する処分など）、②親子（祭具等の所有権の承継者の指定）、③親権（離縁後に親権者となるべき者の指定）、④扶養（扶養の順位の決定など）、⑤相続（祭具等の所有権の承継者の指定）、⑥遺産の分割（遺産分割の禁止など）、⑦厚生年金保険法（按分割合に関する処分）、⑧生活保護等（扶養義務者の負担すべき費用額の確定）

家事調停を行う裁判所の地域（土地管轄といいます）は、原則として相手方の住所地を基準にして決められます。また、当事者間の合意によって管轄裁判所を定めることもできます。

　家事調停には、①家事事件手続法別表第２が示す事件に関する調停、②特殊調停、③一般調停の３種類があります。

　家事調停を行うのは家庭裁判所です。調停案を作成し、当事者間の合意に向けた調整を行う調停機関は、調停委員会か裁判官（家事調停官）です。裁判官のみで調停を行うことができますが、当事者から申立てがあった場合には、調停委員会で調停を行う必要があります。両方の当事者から申立てがない場合にも、一方の当事者から申立てがあれば、調停委員会で調停を行います。

　調停手続の中で当事者が合意をして、調停委員会がこの合意を認めた場合には、調停調書にその旨が記載されて調停が終了します。

　調停が成立して、調停調書に調停の内容が記載されれば、調停調書に記載された内容は確定判決と同じ効力を有します。つまり、調停調書を根拠として強制執行が可能になります。

家事審判

　家事審判は、家庭裁判所に申立書を提出することで行います。家庭裁判所は、審判の期日に事件の関係人を呼び出し、呼び出した者から直接に事情を聴取します。十分に審理を行った場合には、家庭裁判所は審判を行います。審判を行うことで審判手続は終了します。審判は、審判を受ける者に告知を行うことで効力が生じます。また、審判を行う際には、家庭裁判所は審判書を作成します。

訴訟手続き

訴訟の管轄

　訴訟となった場合、どこの裁判所に訴えを起こしたらよいのかを決める基準が管轄です。管轄とは、それぞれの裁判所がどの事件を担当するかという仕事の割り振りのことです。これは、その訴訟で主張される権利の価値（つまり金額）、原告・被告の便宜、証拠の集めやすさなど、様々な事情を考慮して、民事訴訟法によって規定されています。いきなり最高裁判所へ訴えを起こすことはできません。家庭事件の審判・調停および少年保護事件以外の一般の訴訟は、地方裁判所か簡易裁判所のどちらかです。

　どちらの裁判所になるかは訴訟で主張される権利の価値（金額。審理の対象の価額）が140万円を超えるかどうかで決まります。原則として、140万円以下なら簡易裁判所、これを超える場合には地方裁判所が管轄になります。この金額は元本が基準になります。元金130万円の貸金の返還請求を起こす場合では、利息や遅延損害金（返済期間までに返済しなかった場合に、債務者にペナルティとして課される金銭のこと）を含めて140万円を超えても、簡易裁判所の管轄となります。

どこの裁判所に訴えを起こすか

　地方裁判所や簡易裁判所は、全国各地にありますが、基本的には被告（訴えを起こされた側）の住所地を管轄する裁判所に訴えを起こす必要があります。被告が会社などの法人である場合には、原則として主要な事務所または営業所の所在地を管轄する裁判所がその訴えを扱います。中には被告の住所地以外の裁判所が管轄になる訴訟もあります。たとえば、財産権上の訴えでは義務履行地、

手形・小切手に関するものであればその支払地、不動産に関する訴えであれば不動産所在地などに訴えを起こすこともできます。

第一審の手続はどうなっているのか

紛争の当事者のうち、最初に訴えを起こした方を原告、訴えを起こされた方を被告といいます。民事訴訟は、当事者の一方が訴状を裁判所に提出することによって始まります。

訴状が提出されると、裁判所は、訴状の副本（コピー）を被告に送付します。あわせて、訴状に書いてあることについて、認めるのか反論するのかを書いた答弁書を、裁判所に提出するよう求めます。また裁判所は、期日に裁判所へ出頭するように当事者双方に呼出状を送ります。この期日が口頭弁論期日です。

口頭弁論期日には、まず、原告が訴状を口頭で陳述します。次に、被告がすでに提出してある答弁書に基づいて、原告の陳述内容を認めるのか、それとも反論するのかを口頭で答えます。もっとも、実際の陳述は簡略化されていて、原告はただ、「訴状記載

■ 訴額140万円が分岐点

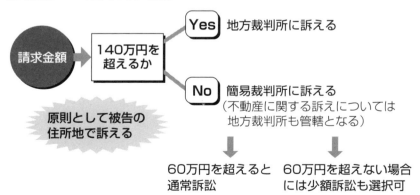

の通り陳述します」と述べ、被告は「答弁書記載の通り陳述します」と言って終了するのが通常です。

次に、争点を整理する作業が行われます。原告の請求のうち、被告がどのような点を争い、どのような点は争っていないのかを明確にします。

そして、事実関係について争いがあれば、どちらの主張が正しい証拠調べを経て、争いがある事実につき原告・被告のいずれの主張が正しいのかを裁判官が認定し、訴状の内容の当否について裁判所が判断できるようになると、口頭弁論は終結します。

一定の期日が経過すると、裁判所は予め指定しておいた期日に判決を言い渡します。判決は、原告の請求に対する裁判所の判断です。裁判所が、原告の請求が認められると判断したときは、原告の請求を認容します。原告の請求を認められないと判断したときは、請求棄却(訴えそのものは受け付けるが原告の訴えに理由がないとするもの)の判断になります。この場合は、「原告の請求を棄却する」という判決を言い渡します。この判決により第一審の手続きは終了します。

■ 訴訟手続きの流れ

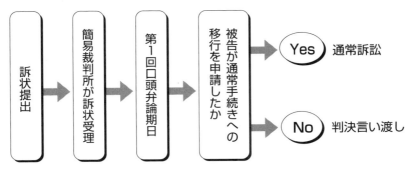

訴訟上の和解

訴訟上の和解は、原告と被告が訴訟手続きの進行中に、口頭弁論期日において裁判所（裁判官）の面前で、お互いに譲歩して訴訟を終わらせる旨を陳述することによって成立します。当事者側としては和解勧告を受け入れる必要はありません。裁判の状況や判決までの時間的・経済的負担を考慮して和解に応じるか否かを判断すべきです。訴訟上の和解が成立すると、訴訟は当然終了します。和解の内容が和解調書に記載されると、この調書には訴訟の確定判決と同様の効力が生じることになります。

判決に不服な場合

判決に対して、原告・被告双方とも不満を抱くことなくそのまま受け入れれば、その後2週間で判決は確定します。しかし、原告・被告のいずれかが判決に不服で、高等裁判所または地方裁判所に控訴という手続をとると、判決は確定しません。訴訟は、上級の裁判所へ移ることになります。

少額訴訟

通常訴訟とは別に裁判制度の利用の幅を広げるために導入されたのが、少額訴訟制度です。

少額訴訟で扱われるのは、60万円以下の金銭の支払請求に限られています。そのため、たとえば、動産の引渡しを請求する訴えなどの場合には、この手続きは利用できません。

少額訴訟を提起する裁判所は、簡易裁判所となります。同一の原告が同一の簡易裁判所に対して行うことができる少額訴訟の申立回数は、年間10回までに限定されています。このように利用回数が限定されているのが少額訴訟の特徴の1つです。

通常の民事訴訟では、提出が認められている証拠について特に

制限はありませんが、少額訴訟では、証拠調べはすぐに取り調べることができるものに限られています。これは、少額訴訟が、前述のように原則として1回の期日で審理を終わらせることを前提としているからです。証拠としては、出頭している当事者本人、当事者が連れてきた証人、当事者が持参した書証や検証物などを挙げることができます。

不服申立てについても少額訴訟は大きく異なっています。

通常の民事訴訟では、判決に不服がある者は、上級裁判所に上訴（控訴・上告）することができます。しかし、少額訴訟は一審限りで、判決に対して控訴することは認められていません。その代わり、不服がある場合には、判決をした簡易裁判所に異議を申し立てることができるしくみになっています。この異議が認められると、手続きは通常の民事訴訟手続の第一審手続に移行することになります。

強制執行

強制執行は、裁判所によって権利者の権利内容を強制的に実現してもらう手続きです。強制執行を行うためには、債務名義（判決や和解調書、調停調書など）、執行文、送達証明書が必要です。強制執行は、申立てに応じて、執行裁判所（強制執行手続きに関与する裁判所のことを執行裁判所と呼びます）や執行官といった執行する機関（執行機関）によって行われます。

■ **少額支払の対象**

対象となる主な金銭債権
●売掛金　●少額の貸付金　●ホテルなどの宿泊代金　●飲食料金
●サービスメンテナンス料金　●軽い物損事故などの賠償金　●賃金
●慰謝料　●敷金・保証金　●請負代金

【監修者紹介】
奈良　恒則（なら　つねのり）
中央大学卒業。平成11年弁護士登録。平成18年東京自由が丘にKAI法律事務所創設。KAI法律事務所所長。

KAI法律事務所
〒152－0035　東京都目黒区自由が丘1－7－15
ベルテ・フォンタン3F　（東急線自由が丘駅南口徒歩1分）

すぐに役立つ
図解とQ&Aで納得
損害賠償・慰謝料をめぐる法律とトラブル解決法165

2015年1月10日　第1刷発行

監修者	奈良恒則（なら つねのり）
発行者	前田俊秀
発行所	株式会社三修社
	〒150-0001　東京都渋谷区神宮前2-2-22
	TEL　03-3405-4511　FAX　03-3405-4522
	振替　00190-9-72758
	http://www.sanshusha.co.jp
	編集担当　北村英治
印刷・製本	萩原印刷株式会社

©2015 T. Nara in Japan
ISBN978-4-384-04634-2 C2032

®〈日本複製権センター委託出版物〉
本書を無断で複写複製（コピー）することは、著作権法上の例外を除き、禁じられています。本書をコピーされる場合は事前に日本複製権センター（JRRC）の許諾を受けてください。
JRRC（http://www.jrrc.or.jp　e-mail：info@jrrc.or.jp　電話：03-3401-2382）